脱日本入門

普通のサラリーマンが金持ちになるための最新・最強のバイブル

加谷珪一

文藝春秋

普通のサラリーマンが
金持ちになるための
最新・最強のバイブル

脱日本入門

はじめに

２０２０年初頭から本格化した新型コロナウイルスの感染拡大は、日本社会に深刻な影響を及ぼしました。コロナ禍で被害を受けたのは日本だけではありませんが、日本の場合、これまで何とか覆い隠してきた社会の歪みが、感染拡大をきっかけに一気に噴出したといっても過言ではありません。

多くの人は、日本政府や日本社会に対して、何となく頼りないとは感じていたかもしれませんが、それなりの秩序と豊かさをもたらしてくれていると思っていたはずです。しかしながら、そうした淡い期待はコロナ禍で完全に吹き飛んでしまいました。

政府のコロナ対策は迷走に迷走を重ね、関係者は自らの利益を強欲に追求するばかりで、社会全体のことを考えて行動する人はほとんどいませんでした。東京オリンピックはその最たるもので、関係者がここまで利己的だったことにショックを受けた人も多いのではないかと思います。

一連の事態を受けて、日本人のモラル崩壊を嘆く声も多く聞かれますが、筆者は近年になって日本人の本質が大きく変わったとは考えていません。本書の後半で具体的な事例をあげて解説しますが、人々の心理というのは、私たちが想像しているほど時代によって変化するわけではなく、ある時から急にモラルが欠如するというのは少々考えづらいのです。

しかしながら、この話には「大きな環境変化がなければ」という前提条件が付きます。そして今の日本は、戦後75年間の中でもっとも大きな変化に直面しており、その意味では日本人の言動が大きく変わっても不思議ではありません。この本を読んでいる皆さんはすでにお気づきだと思いますが、その大きな変化とは日本経済の貧困化です。

詳しくは本文で解説していきますが、日本経済は過去30年間ほぼゼロ成長という状態が続いており、これは歴史的に見てもかなりの異常事態です。同じ期間で先進各国は経済規模を1・5倍から2倍に拡大させており、結果として日本人の所得は相対的に3分の2から半分に下がってしまいました。

いくら高潔な精神を持っている人でも、経済的な環境が厳しくなってくると、理想的なことは言っていられなくなります。衣食足りて礼節を知るという言葉がありますが、経済的に苦しくなると社会がギスギスし、人々の心も荒《すさ》んでしまいます。

2021年の6月には、経済産業省のキャリア公務員が、こともあろうに自らが勤務する役所のコロナ支援制度を悪用して支援金を個人的に騙し取り、高級時計や高級外車の購入に充当するという、にわかには信じられない事件も発生しました。一連のモラル崩壊の背景には、やはり社会全体の貧困化があると考えた方が自然でしょう。

厳しい話ですが、日本は今後、かつて経験したことのないレベルの人口減少時代を迎えます。そして人口の減少は、経済成長にとって極めて大きな逆風となります。日本経済は当分の間、低迷が続く可能性が高いと言わざるを得ません。

私たちはこの厳しい現実を前に、今後の人生設計を組み立てる必要があります。

過酷な環境の中で、相応の生活を維持していくためには、何らかの形で脱日本を実現することが大事だと筆者は考えており、これが本書の主要なテーマでもあります。しかしながら脱日本というのは、日本を捨てて海外に行くことを意味しているわけではありません。日本において慢性的な低成長が続き、一方で、諸外国の経済が順調に拡大するのであれば、その富をうまく自身の生活に取り込むことが重要だと主張したいのです。

具体的には資産運用において海外市場を選択したり、副業として海外の通販サイトを利用するといった方法が考えられます。また日本国内で仕事に就くにしても、外資系企業で働いたり、海外との関係が深い分野の専門性を磨くことによって、グローバルな経済圏とのつながりを確保できます。より積極的にチャレンジする気概のある人は、実際に海外に出てお金を稼ぐという選択肢もアリでしょう。

こうした形で脱日本を実現することこそが、自身にとっても、そして日本経済にとっても、問題を解決する有力な手段になると考えています。

本書は以下の6つの章で構成されています。

序章では、日本経済が直面している現実について、できるだけ分かりやすく解説しました。今のまま、日本社会にどっぷりと浸かって仕事を続けていくことは、大きなリスク要因であることがお分かりいただけると思います。

PART1では、「投資の脱日本」について議論します。

日本の年金は財政状況が厳しく、これからの時代は個人的な資産運用が必須となります。しかし、日本経済の見通しが厳しいという現状を考えると、日本だけに投資先を限定するのは危険です。海外投資を通じて資産運用を成功させるコツについて解説します。

PART2は「副業の脱日本」です。

近年、政府は副業を推奨するようになりましたが、その理由は今後の賃金の伸び悩みと年金減額が確実だからです。これからの時代は、個人的な資産運用と同じく、副業も必須となってくるかもしれません。しかしながら、縮小市場の日本では副業の競争環境も厳しいのが現実です。海外のネット通販を活用し、伸びる市場で副業を実践する方策について探ります。

ＰＡＲＴ３は「本業の脱日本」です。副業だけでなく本業でも外国を目指そうという話ですが、これは必ずしも移住を伴うとは限りません。日本国内にある外資系企業への就職や、留学を通じた外国企業との接点作り、あるいは国内企業の中で海外取引を専門にするといった新しいキャリア形成のあり方について考えます。また、日本人を積極的に採用しているアジア企業に就職する方法についても解説します。

ＰＡＲＴ４はいよいよ「場所の脱日本」についてです。メディアの記事にはあまり出てこないのですが、海外移住、あるいは海外就職を成功させるためには、どうしてもビザ（査証）の問題をクリアしなければなりません。適切なビザを取得するのは並大抵のことではなく、海外移住や海外就職を実現するためには、タフな精神力が必要となります。海外移住に夢を持っている人にはショックかもしれませんが、移住の現実について解説します。

最終章では、これまでの議論を総括し、本当の意味で脱日本を実現するためには何が必要なのかを考えていきます。

コロナ禍をきっかけに全世界の企業がデジタル化に邁進しており、近い将来、多くの仕事がＩＴ化される可能性が高まっています。これは物理的な移動を伴わず、グローバルに仕事ができるようになることを意味しており、脱日本を志す人にとっては朗報といってよいでしょう。

こうした変化は、ある意味では１００年に一度のことですから、やる気のある人にとっては極めて大きなチャンスとなります。本書を参考に、是非、第一歩を踏み出して欲しいと思います。

普通のサラリーマンが
金持ちになるための
最新・最強のバイブル

脱日本入門

目次

PART 2

副業の脱日本

PART 3
本業の脱日本

序章

10年後の日本は
こうなる

日本はすでに貧しい国になりつつある

一昔前まで、日本は世界でもトップクラスの豊かな国であるというのは、ごく当たり前の常識でした。しかしながら、その常識は近年、音を立てて崩れ始めています。諸外国と比較して日本人の賃金は大幅に下がっており、私たちの生活水準は明らかに低下しています。

日本の賃金低下は若年層から始まりましたから、若い世代では、日本がもはや豊かな国ではないという現実について肌感覚として理解できている人も多いのではないでしょうか。一方で中高年層の一部は、豊かだった時代の経験が強烈だったことに加え、若年層と比較してあまり賃金が下がっていませんから、いまだに日本は世界有数の豊かな国だと信じています。

筆者は、雑誌のコラムなどにおいて、近い将来、中国や東南アジアに出稼ぎに行く人が

各国の平均賃金(年収)の推移

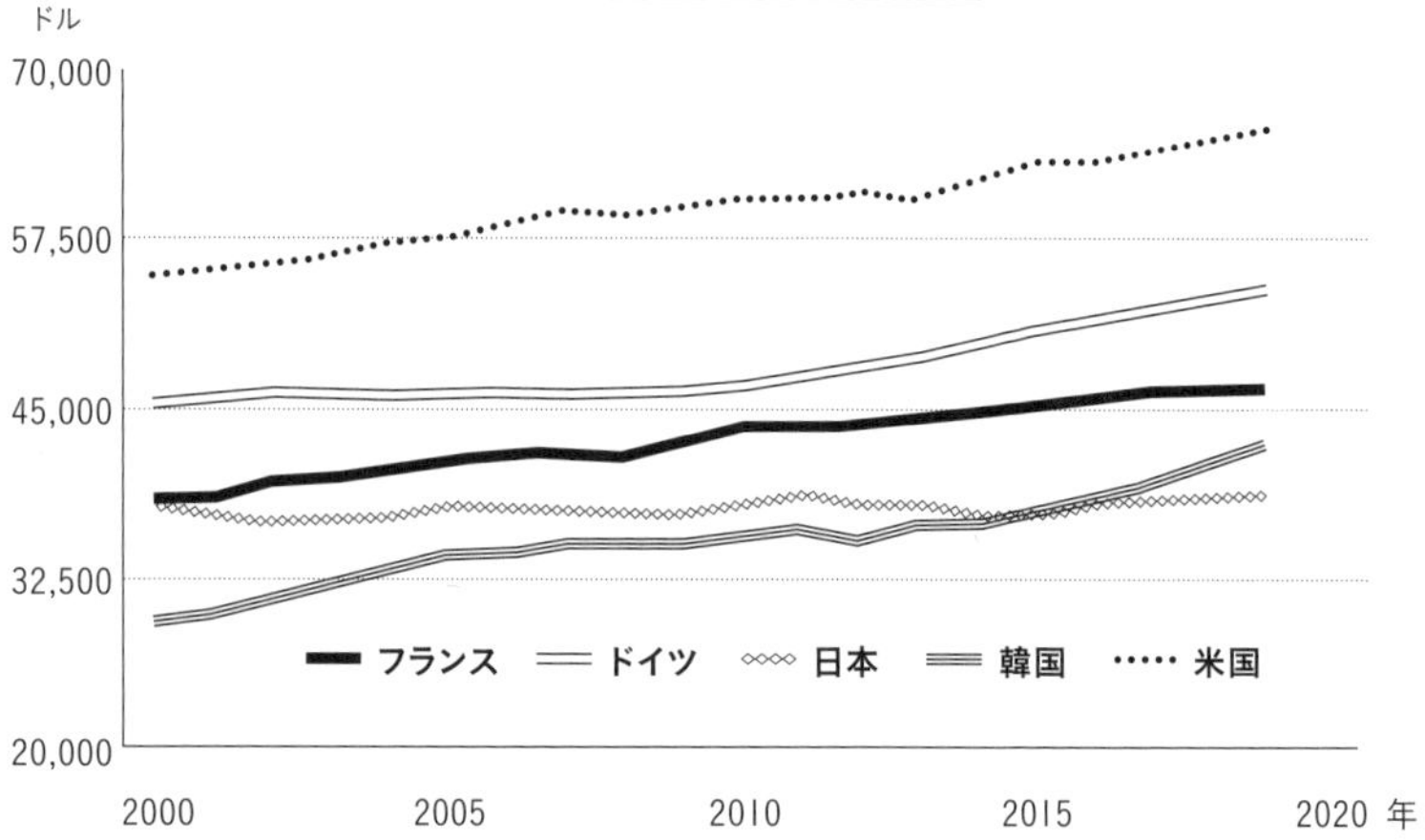

＊購買力平価の為替レートで比較／出所＝OECD

増える可能性があるという主張をよく行っているのですが、年配の方から「そんなバカなことはあり得ない」といった批判をたくさん受けてきました。しかしながら、日本が急速に貧しくなっているのは厳然とした事実であり、数字を見てもそれは明らかです。

OECD（経済協力開発機構）が行った賃金に関する調査によると、2019年における日本人の平均賃金（年収）は3万8617ドルでしたが、米国は6万5836ドル、ドイツは5万3638ドルと大きな差を付けられています。日本以外の先進各国はほぼ毎年のように賃金が上がっていますが、日本はずっとほぼ横ばいのままです（上表）。

それだけではありません。かつては途上国というイメージの強かった韓国の賃金は4万22

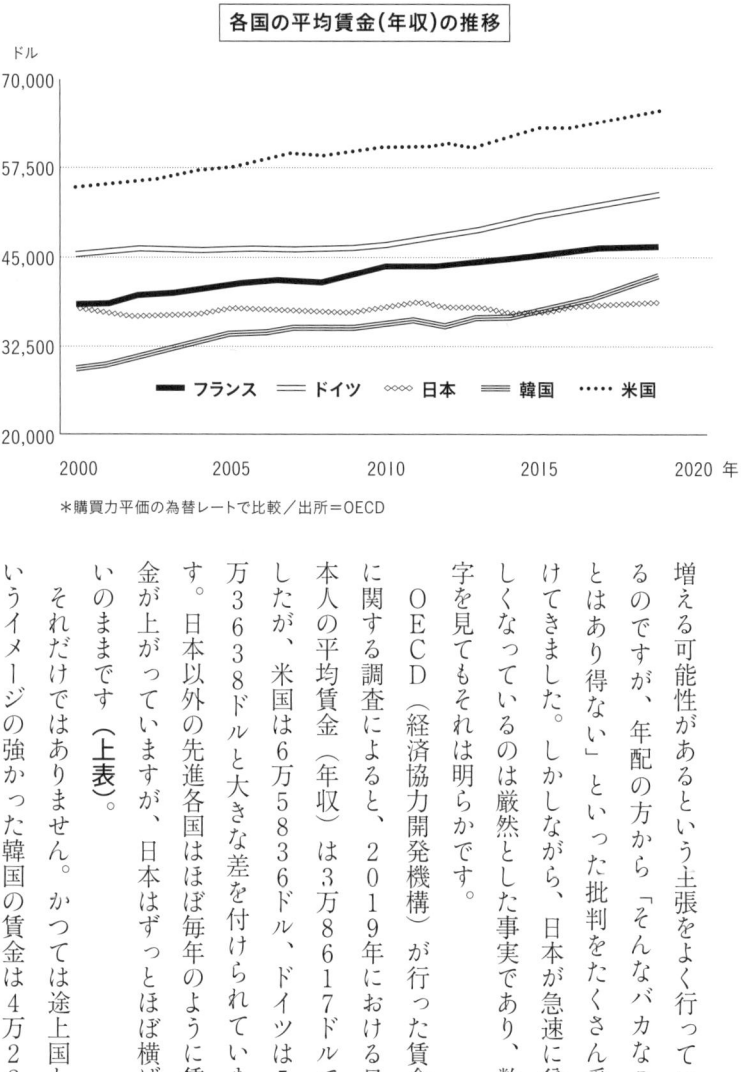

85ドルと、すでに日本を追い抜いているのです。日本人の賃金は米国の6割程度しかなく、韓国よりも低いというのが偽らざる現実です。

こうした数字を出すと、為替の影響があるので単純には比較できないという批判が出てくるのですが、OECDの調査は購買力平価を用いたドル換算なので、為替や物価の影響をすべて考慮したものです。数字の差は、各国の本質的な豊かさの違いと考えて差し支えありません。

もう少し分かりやすい例をあげてみましょう。

日本における大卒初任給は約20万円ですが、米国では50万円を超えることも珍しくありません。海外のホテルでビールを1杯頼むと1500円から2000円取られることはザラにあります。

仮に賃金が安くても、国内の物価が安ければ生活は苦しくなりませんが、現実はそうはいきません。私たちが日常的に購入するモノのほとんどは輸入されており、海外の経済状況から影響を受けてしまうからです。典型的なのは自動車やスマホの値段でしょう。

自動車は典型的なグローバル商品ですから、世界中どこで買っても価格はほぼ同じです。トヨタ自動車の1台あたり平均販売価格は世界経済に歩調を合わせ、約20年で約1・5倍に上昇しましたが、日本人の賃金はその間、ほとんど上がっていません。したがって日本人にとって自動車は年々、高い買い物になっており、賃金が安い人にとってはもはや高嶺の花です。

多くの若者が愛用するｉＰｈｏｎｅは機種によっては1台10万円くらいしますが、初任給が20万円の日本人と50万円の米国人では負担感の違いがあまりにも大きすぎます。

基本的に私たちが消費している製品の多くは、世界共通のものですから、国によって大きな違いは生じません。一方で賃金は国によってバラバラですから、賃金が安い国の国民は豊かな生活を送れないというのが現実なのです。

近年、食品などにおいて価格を据え置く代わりに内容量を減らすという隠れた値上げ（いわゆるステルス値上げ）が増えていますが、これも世界経済に合わせて高騰する食材価格に日本人の賃金が追いついていないことが原因です。内外の賃金格差というのは、こうした形でジワジワと日本人の生活を苦しめているのです。

日本人の給料が今後も上がらない理由

以前と比較してすっかり貧しくなってしまった日本ですが、今後の賃金はどうなっていくのでしょうか。非常に残念で言いづらいことなのですが、日本の賃金は今後もあまり上昇しない可能性が高いでしょう。これは筆者の個人的な意見ではなく、経済学の理屈やデータから合理的に導き出された結論です。

マクロ経済の理論において長期的な経済成長を決める要因は、①人口、②資本、③イノベーションの3つであり、経済成長に人口が寄与する割合は決して低くありません。つまり人口が減っていく国はそれだけで経済成長にとって不利になるのです。イノベーションが極めて活発であれば、人口が減っても高い成長を維持できますが、日本の場合、イノベーションも長期にわたって低迷している状況であり、改善の兆しがまったく見えません。

イノベーションを直接、測定することはできませんが、経済学上、イノベーションの度合いというのは生産性の数字に反映されます。

日本における2019年の労働生産性は47・9ドルでしたが、この数字は米国（77ドル）、ドイツ（74・7ドル）の3分の2しかありません。日本の労働生産性は主要先進国ではずっと最下位が続いており、順位が上がったことは一度もないというのが現実です。

この数字から計算すると、日本は諸外国と比較してイノベーションが活発ではなく、IT化やビジネスの合理化が進んでいないため、同じ金額を稼ぐためにはより多くの人材を投入しなければならない状況であることが分かります。具体的には、日本企業の場合、同じ1万ドルを稼ぐために29人の社員が7時間労働を行う必要がありますが、米国企業はわずか19人で済みます。逆に考えると同じ社員数であれば、諸外国の方がより多くの金額を稼げますから、結果として従業員1人あたりの賃金は高くなるのです。これが日本と諸外国との賃金の格差が生じている最大の理由です。

日本はビジネスのデジタル化も遅れている状況ですから、今後、他国よりもイノベーションが活発になるどころか、むしろさらに格差が拡大する可能性が高いと言わざるを得ません。

整理すると、日本はGDPの成長に不可欠な人口という面で、今後、急激な減少が予想されています。加えてGDP成長に大きな影響を与えるイノベーションという部分においても低迷が予想されています。

こうした前提を元に経済モデル（コブ・ダグラス型生産関数を用いたマクロモデル）を用いて将来の実質GDPを予想すると、日本は2060年までの長期にわたってほぼ横ばいという結果しか出てきません。

一方で、米国は2020年との比較で約2倍、中国に至っては2・7倍という結果が得られます。GDPが順調に成長すれば、賃金も相応に上がっていきますから、日本のGDPが横ばいのままということは、賃金も上がらないこととイコールになります。日本と諸外国の賃金格差は縮小するどころか、むしろ拡大すると考えた方がよいでしょう。

この予想は筆者が行ったものですが、基本的にマクロ経済モデルには統一の基準がありますから、どの専門家が予想を行ってもそれほど大きな違いは生じません。実際、経済系シンクタンクの多くが似たような予想を出しています。日本経済が今後も伸び悩むというのは、確度の高い予想と考えてください。

事実上の生涯雇用で平均賃金はさらに低下

これはマクロモデルを使ったシミュレーションですが、国内の政策を見ても賃金が低下する要因がたくさんあります。もっとも大きいのは企業に対する事実上の生涯雇用の義務化でしょう。

２０２１年4月、企業に対して70歳までの就業機会確保を努力義務とする改正高齢者雇用安定法が施行されました。これまでも企業に対しては、希望する社員は65歳まで雇用することが義務付けられていましたが、同法の施行によって70歳までの就業機会の確保が努力義務となりました。

あくまでも雇用ではなく就業機会の確保であり、現時点では「努力義務」に過ぎませんから、企業は絶対的に70歳まで社員を雇用しなければならないというわけではありません。しかしながら、大手企業にとっては、65歳以降の社員を無条件で個人事業主として外部に放り出すといったことは出来ないでしょうから、これは事実上の生涯雇用義務化と考えて差し支えありません。

とりあえず70歳までは働けるわけですから、労働者にとっては朗報かもしれませんが、賃金という部分に焦点を絞ると、この政策がもたらす影響は甚大です。

日本企業は現時点においても過剰な社員を抱えているといわれます。リクルートワークス研究所が行った調査によると、日本企業には会社に在籍しているにもかかわらず仕事がないという、いわゆる社内失業者が４００万人もいるそうです。これは全正社員の１割にも達する数字です。

先ほど、同じ金額を稼ぐために必要な人数が米国やドイツよりも多い（つまり日本企業は過剰な社員を抱えている）という話を紹介しましたが、雇用が過剰であることは、こうした調査結果にも表れているのです。

日本の雇用が過剰になっているのは、大企業を中心に広く普及している、終身雇用と年功序列を中心とした日本型雇用の影響です。

諸外国の場合、業務内容をあらかじめ決めた上で採用を行う、いわゆるジョブ型雇用がほとんどですから、同じ仕事をずっと続ける社員の方が多数派です。一方、日本はそうではありませんから、新入社員に現場仕事や雑務を割り当て、年齢が上がると全員が能力にかかわらず管理職に昇進する仕組みになっています。このため、日本企業には、新卒社員を採用し続けないと現場の業務が回らないという問題が常につきまといます。また、定年は延長になっていますから、中高年社員は管理職として、長期間、会社に雇用され続けることになります。結果として、日本企業では社員数が膨れあがってしまうのです。

時代の変化も状況をさらに悪化させています。

企業というのは10～20年ごとに事業内容を見直していく必要がありますが、新規事業に取り組む際にはどうしても新しい人材が必要となります。ところが終身雇用の場合、新規採用を行っても、すでに雇用している社員を解雇することはできませんから、社員の総数は増える一方となります。

一連の雇用慣行の結果、日本企業では管理職ばかりが増える事態となっており、1980年代に全体の21％程度だった管理職比率は、2010年代には26％まで上昇していました。読者の皆さんが勤務する組織でも、管理職と呼ばれながら実際には管理職の仕事をしていない、いわゆる「名ばかり管理職」がたくさんいるのではないでしょうか。

ただでさえ雇用が過剰であるにもかかわらず、政府は年金減額分を補うため、企業に対して事実上の生涯雇用を求める状況となっています。

筆者がざっと計算したところによると、今の社員数を維持したまま、70歳まで雇用を継続すると、40歳以降の昇給はほぼ不可能となってしまいます。

困ったことにコロナ禍の発生によって、全世界的にビジネスのデジタル化が急加速しており、今後、大量のホワイトカラーが余剰になると予想されています。業務に対してますます社員数が過剰になるという話ですから、平均賃金は下がる一方となるでしょう。

稼ぎの絶対額を増やさないと豊かな暮らしはできない

先の暗い話ばかりでしたが、これが日本の現実であり、私たちはこの現実に正面から向き合って今後のキャリアを考えていかなければなりません。では、これからのビジネスパーソンは、日本の貧困化という問題にどう対処すればよいのでしょうか。

身も蓋もない話に聞こえるかもしれませんが、安い賃金に対抗するためには、稼ぎの絶対額を増やすことが重要であり、増やした稼ぎを元手に投資で資産を増やしていくのが最大の解決策ということになります。具体的には、より高い賃金が得られる仕事を探すか、もしくは副業などで賃金の総額を増やし、同時に長期の株式投資に取り組むというやり方です。

こうした主張をすると「そんなこと当たり前だろ」と激高する人が出てくるのですが、本当にこれは当たり前のことなのでしょうか。筆者にはそうは思えません。

筆者は長年、コツコツと株式投資を続け、今では数億円の資産を持つまでになりましたが、元から資産があったわけではなく、若い時はごく普通のサラリーマンでした。したがって多くの読者の皆さんと同様、あまりお金は持っていませんでした。

投資をするにしてもビジネスをするにしても、まずは元手が必要であり、そのお金は自分で稼ぐ必要があるわけですが、同じ会社で同じような仕事をしているだけでは、決して状況は良くなりません。

筆者は事態を打開するため、まずは副業で稼ぐ総額を増やし、転職と起業を実現することで本業の年収を上げ、稼いだお金は惜しみなく長期投資に回してきました。

起業まで踏み込める人は少数派かもしれませんが、副業なら基本的に誰でも取り組むことができます。しかしながら、当時、筆者の周囲で副業に取り組んでいる人はほとんど見たことがありませんでしたし、同じく、株式投資をコツコツと継続する人もほぼゼロでした。

当時も多くの人が「お金がない、お金がない」と嘆いていましたが、その状況を本気で打開しようとする人は驚くほど少ないのです。今となっては政府が副業や投資を推奨しているくらいですから、環境は大きく変わったかもしれませんが、それでも本気で副業や投資に取り組む人はまだ少数派だと思います。

つまり、「貧乏から脱却するためには、稼ぎを増やし、それを投資に充当する必要がある」という命題について「当たり前だろ」と激高する人はたくさんいるものの、愚直に実践する人は少ないのです。逆に言えば、筆者はこの単純な命題に素直に従ってきたわけですから、少々傲慢に聞こえるかもしれませんが、経済的に豊かになれるのは当たり前のことなのです。

「稼ぎを増やそう」という筆者の主張に対して反発心を覚えた人は、一度、深呼吸をして自身の状況を振り返ってみてください。実は何も実践していないという人が多いのではないでしょうか。

ちなみに、明治から大正にかけて活躍した学者で、日比谷公園を設計したことでも有名な本多静六氏は、大学教授としての仕事の傍ら、株式投資を行って巨額の資産を作ったことでも知られています。そのノウハウを元に何冊もベストセラーを出しており、本多氏の著作は、いわゆるマネー本の先駆と言われています。

本多氏の主張は一貫しており「月給の4分の1を強制的に貯蓄し、株式投資に回す」というものでした。本多氏は、ドイツ留学時に師事したドイツ人教授からこの方法を教わっており、著名な経済学者のケインズも、長期の株式投資で大きな資産を築きました。明治の時代も令和の時代も、そして日本でも欧米でも、一般人が資産を形成する方法はまったく同じであることが分かります。

資産を持っていることが強烈に効果を発揮するのは老後になってからです。

日本の公的年金は厳しい財政状況となっており、今後、2割から3割の減額は確実と言われています。もっとも日本の年金は、現役世代から徴収した保険料を高齢者に支払う賦課方式ですから、制度そのものが破綻することは基本的にはあり得ません。高齢者の比率が増えれば、その分だけ現役世代は損をしますが、年金がなくなってしまうということはないと考えてよいでしょう。

近年、年金財政が悪化していることから、「バカバカしいので年金の保険料は払わない」という声を耳にすることがありますが、そのような選択はすべきではありません。今の高齢者よりは相対的に不利になるとはいっても、年金はほぼ確実にもらえますから、保険料の支払いは続けた方が圧倒的に得策です（サラリーマンの場合には強制徴収ですから払わないという選択肢はありませんが……）。

とはいえ、年金だけで老後の生活を維持することがほぼ不可能であることもまた事実です。多くの人にとって、できるだけ長く働くことが基本戦略となるわけですが、高齢になれば当然、体力は衰え、疾患も増えてきます。こうした時、一定以上の資産があれば仕事のペースを自由に調整することができ、人生の選択肢が一気に広がります。若い人にはあまりピンと来ないかもしれませんが、高齢になった段階で一定の資産を持っていることは、想像をはるかに超える武器になるのです。

こうした厳しい現実を考えた場合、現役時代により多くのお金を稼ぎ、それを投資に回していくことが、いかに重要であるのかがお分かりいただけると思います。そして、賃金が上がらないという日本の現状を前提にした場合、このライフスタイルを実現するには、どうしても海外に目を向ける必要があるのです。

海外に目を向けないと有利な機会は得られない

先ほどから解説している通り、諸外国の賃金はすでに日本よりも圧倒的に高い水準にあり、しかも今後も継続して賃金が上昇する可能性が高いと予想されます。日本に住み、日本経済の枠組みの中だけで生活していると、海外の富を自身に取り込むことができません。つまり何らかの形で脱日本を実現しなければ、豊かな生活を送ることが難しい時代に入っているのです。

脱日本といっても、いきなり海外で生活し、日本を捨てる必要はありません。

今すぐに日本を脱出し、海外でバリバリやっていくガッツがある人は、すぐにでも実践すればよいと思いますが、ほとんどの人はそのような環境にはないと思います。しかしながら脱日本というのは、必ずしも海外で生活しなければ実現できないというものではありません。

日本にいながらにしても、脱日本を実現する手段はたくさんありますから、まずはこうした実現可能な部分から取り組んでいき、徐々に難易度を上げていくのが現実的でしょう。日本にいながらにして海外の富を取り込むもっともシンプルな方法は海外投資を実践することです。

先ほど、年金財政の悪化から、資産運用が必須になるという話をしましたが、運用は老後のための資金作りですから大きな失敗は許されません。後ほど詳しく説明しますが、長期の資産形成の王道は株式投資であり、それは今も昔も変わらない原理原則です。本気で資産形成をしたければ株式投資に取り組むことはほぼ必須となりますが、株式投資で成功するためには、伸びる市場に投資することが絶対条件となります。

残念なことに日本経済は今後も伸び悩むと予想されており、日本市場だけに投資をしていては十分な資産を構築できない可能性が高いでしょう。本気で資産形成を考えているのなら、どうしても海外の成長市場に目を向ける必要があるのです。筆者が投資で成功できたのは、理論に忠実に、粘り強く投資を続けたからですが、日本市場にこだわらなかったことも勝因のひとつです。

詳しくはＰＡＲＴ１で解説しますが、日本は過去20年以上にわたってほぼゼロ成長が続いてきましたから、株価のパフォーマンスもあまり高くありませんでした。多くの個人投資家が日本株だけに投資をする中、米国や中国にも積極的に投資したことが大きな成果につながりました。これからの時代は、むしろ海外市場をメインにするくらいの気持ちでなければ十分な成果を上げることは難しいでしょう。

幸いなことにネット証券のサービスを使えば、海外であることをあまり意識することなく、米国や中国に投資できます。投資というのは、一旦、お金を投じてしまえば、後は投資した国や企業の人たちにがんばってもらい、自分はその成果を得るだけという仕組みですから、もっとも簡単に海外の富を取り込むことができる手段です。ネット証券を使った海外投資は、誰にでもできる確実な脱日本の手段と考えてください。

副業も海外を意識してみる

海外投資はもっともハードルが低い脱日本の手段ですが、投資を成功させるためにはそれなりの原資が必要となります。本格的に資産形成を行うためには、毎年一定金額を継続的に投資に振り向けていくことが肝要です。当然ですが、その金額は多ければ多いほど、将来の期待収益も大きくなります。

先ほどから説明している通り、日本はこの先も、賃金が上がらない可能性が高いですから、高収入な仕事に就いていなければ投資の原資を確保できないという矛盾に直面してしまいます。

しかしながら、年収があまり上がらなくても、副業をしっかり続けていれば、収入の絶対額を増やし、投資の原資を確保することができます。

では具体的にどのような副業を選択すればよいのでしょうか。

もっとも手っ取り早いのは、退社後にコンビニなどでバイトをすることですが、こうした体と時間を使った副業というのは、うまくやらないと負荷が大きくなり、本業に悪影響を与えることにもなりかねません。本業での仕事と同じように、労働時間をそのまま提供するような働き方の場合、体力的にかなりキツくなると考えた方がよいでしょう。

こうした現実を考えると、オークションサイト（あるいはフリマアプリ）で商品を販売したり、クラウドソーシングを使って遠隔で仕事を受けるなど、柔軟な労働形態にした方がベターです。しかし、多くの人が同じことを考えますから、オークションサイトにはすでに多くの副業実践者が商品を出品しています。クラウドソーシングのサイトを見ても、たくさんの候補者が仕事を探しており、単価は安くなる一方です。

加えて言うと、日本の国内市場は今後、縮小していきますから、副業についても国内だけに限定するとどうしても不利にならざるを得ません。そこで重要となってくるのが、海外のネット通販です。

ネット通販やオークションサイト（あるいはフリマアプリ）の多くは、日本国内での販売を前提にしています。日本にある楽天やアマゾン、メルカリは基本的に日本人を対象にしたサービスですから、ここに出品した商品は原則として日本国内でしか販売できません。外国も同じような状況ですが、中にはｅＢａｙのように多国籍な販売ができるサイトもあり、こうしたサイトには世界各国の人が買い物にやってきます。つまりこうした多国籍サイトにうまく出品できれば、全世界の利用者を相手に商品を売ることができるのです。

日本にしかない商品で海外における知名度が高いものは、予想以上に高い値段で売れるケースがあります。また、一部の商品は内外で大きな価格差があり、これをうまく利用することで利ざやを稼ぐことも可能です。

近年では、ネット通販のグローバル化が急ピッチで進んでおり、東南アジアの通販サイトの多くはすでに中国のネット通販サイトと資本提携しています。相互に商品を出品することが可能となっており、中国と東南アジアの市場は一体化が進んでいる状況です。

当然この流れは日本にも波及しており、すでにメルカリは中国のネット通販サイトとの提携を通じて、国内で出品した商品を中国でも販売できるようになっています。また２０２１年３月には国内のネット通販大手の楽天が中国のネット企業であるテンセントと資本提携に踏み切りました。今のところ具体的なプランは公表されていませんが、中国のネット通販と楽天の相互連携を計画していることはほぼ間違いありません。国境を意識することなく海外にモノを売れる時代は、もうすぐそこまでやってきているのです。

それと、海外のネット通販を通じた副業には、一連の取引を通じて、海外に対する心理的なハードルを一気に下げるという大きな副次効果もあります。

今は多くの人が海外旅行に行く時代ですから、海外そのものへのハードルは下がっていると思います。しかし旅行というのは、飛行機やホテルなどあらかじめ決められた手順に従って移動や滞在を行うだけであり、リアルな生活とはほど遠いのが現実ではないでしょうか（そもそもリアルな生活から離れたくて旅行に行く人がほとんどでしょう）。

しかしながら、海外のネット通販でモノを買ったり、海外のネット通販に出品するという作業を実際にやってみると、商品の発送や決済、交渉、トラブル対応など、リアルな外国生活が日本に居ながらにして体験できます。

ネット通販はたとえひとつの商品を出品しただけでも、すでに立派なビジネスです。自分の住所や電話番号を英語でどう表記すればよいのか、決済や返品など商習慣はどうなっているのかなど、多くの人が知っているようで知らない、リアルなスキルを獲得できます。こうした経験を積み重ねていくことで、海外で稼ぐことへの抵抗感を軽減することができるのです。

また海外を相手にした副業をしていると、海外のビジネスにも目が行きやすくなり、海外企業の名前も多く目にすることになると思います。こうした経験は知らず知らずのうちに海外投資のスキルとなって返ってきますから、最終的には資産形成にもプラスの効果をもたらすことでしょう。

海外市場を活用した副業で余剰資金を稼ぎ、そして稼いだお金を海外の投資に回すことができれば、それだけでもかなりのグローバル人材といって差し支えありません。すでに脱日本は成功したのも同然ですが、ここまで来るとさらに視野は広がってきます。海外市場を活用した副業と海外投資に慣れてくれば、当然、外国に対する心理的なハードルは下がっているはずですから、今度は本業についても海外に目を向ける選択肢が出てくることになります。

キャリアに対する基本的な価値観が変わる

本業の脱日本を完璧に実現するためには、外国に住むことが必須と思われがちですが、副業の場合と同様、外国企業で働くにあたって、必ずしも外国に住む必要はありません。

日本には多くの外資系企業が進出しており、そうした企業から給料を得ることで、日本と自身のキャリアを切り離すことができます。外国企業で働くことの最大のメリットは、やはり仕事やキャリア形成においてグローバルな感覚を身につけられることでしょう。

先ほど、日本独特の雇用制度が長期的な低賃金の原因になっていると説明しましたが、日本の場合、業務に対して賃金が支払われているのではなく、会社のメンバーであることに対して賃金を支払うというニュアンスが強くなっています。

日本の企業では、専門性はあまり問われず、いわゆる何でも屋のゼネラリストの方が昇進しやすいと言われていますが、これは極めて特殊な雇用慣行であり、諸外国ではこうしたキャリア形成はほとんど見当たりません。

日本企業では無制限のサービス残業が当たり前だったりしますが、これも雇用形態の影響が大きいと言われています。もし業務に対して賃金を支払っているのであれば、追加で業務を命じた時には、当然、その分だけ賃金を支払わなければなりません。しかし、賃金が組織のメンバーであることに対して支払われている場合、会社からの要請は可能な限り受け入れるという流れになってしまいがちです。

いわゆる日本型雇用は音を立てて崩れ始めており、長い目で見れば、日本企業においても専門性が重視されていく流れであることは間違いないと思います。しかしながら、日本企業の社風は数年では変わりませんから、企業によっては、専門性を的確に評価し、それに対してしっかりと賃金を払える組織になるまでには、結構な時間がかかるでしょう。

一方、やる気のあるビジネスパーソンにしてみれば、いつまでも悠長なことを言っていられる余裕はありません。一刻も早く、専門性を身につけなければ、将来のキャリア形成も危ういものとなってしまいます。

もし若いうちから海外企業で働く経験ができれば、否が応でも自分の専門性を強く意識せざるを得ません。結果として、より早く、新しい企業社会に順応できる可能性が高まります。中高年にとっても、東南アジアなどで自身のスキルが生かせるケースはたくさんありますから、人生の後半戦のキャリアを考えた場合、海外に目を向ける時期は早ければ早いほど有利です。

専門性を意識したキャリア形成は、副業にも大きな効果を発揮します。

日本では専門性がほとんど重視されず、どの企業の社員なのかということの方が圧倒的に大事でした。しかし副業を行う場合、顧客となるのは見ず知らずの相手である可能性が高いので、いわゆる「あうん」の呼吸は通用しません。

自分にはどんなスキルがあり、この仕事を自分に発注すれば、相手にどれだけのメリットがあるのか、端的に説明できなければ仕事を受注することは難しいでしょう。こうしたプレゼンテーション技術は、海外のビジネス環境ではごく当たり前のことであり、転職や昇進の際には、多くの人が日常的にこうした説明を上司や転職先の企業、あるいは顧客に対して行っています。しかし、日本ではこうしたプレゼンができない人が多く、これが副業の妨げになるという指摘も出ているのです。

生命保険会社が子どもに対して行ったアンケート調査で、将来なりたいものの1位が「会社員」だったことがネットで話題になったことがありました。

この調査を行った保険会社は、毎年、同じようなアンケートを実施しているのですが、例年は、男の子の場合には「サッカー選手」「野球選手」などが、女の子では「食べ物屋さん」などが上位に入っていました。ところが2020年になって突如、男の子のランキングで会社員が1位になってしまったのです（女の子はパティシエが1位）。

ネット上では「コロナ禍や日本の貧困化が、子どもをここまで安定志向にしているのか？」と驚きの声が上がりましたが、実は結果が大きく変わったことにはちょっとしたカラクリがありました。

これまでの調査は、保険会社の担当者が顧客を訪問する形で行われていましたが、コロナ禍によってネット調査に切り替わり、選択肢が事前に示されるようになったのです。その選択肢の中に会社員という項目があったことから、これが上位に入ってしまったというのが真相のようです。

この話自体はそれでおしまいなのですが、筆者が気になったのはそこではありません。ネットの選択肢の中に「サッカー選手」「パティシエ」といった項目と並んで「会社員」が入っていたことです。

サッカー選手やパティシエは明確に職業を示す単語ですが、会社員というのは職業というよりも、どちらかというと雇用形態を指す言葉です。ところが日本では、この会社員という名称が、職業名として定着している印象がありますし、そうだからこそ、アンケートの調査項目にも入ってきたのだと思います。

しかし、この会社員という概念は日本独特のものです。

諸外国で「あなたの仕事は何？」と聞けば、ほぼ100％の確率で、雇用形態ではなく職種で返事が返ってきます。医師や音楽家など明確に技能職という立場ではない人（つまり日本であれば会社員というカテゴリーに入る人）でも、マーケティングやセールス、経理といった答えになることがほとんどです。

ところが日本では「○×商事に務めています」「△×証券です」と会社名が返ってきたり、あるいは「中堅企業です」など、所属している会社の規模について回答するケースが少なくありません。日本のビジネスパーソンは「就職」ではなく「就社」するなどと揶揄されることもありますが、「会社員」という言葉が職業として通用しているのは、専門性があまり必要とされず、無難なゼネラリストが求められていることの裏返しといってよいでしょう。

似たような話に中高年の転職問題があります。

近年、役職定年や希望退職を実施する企業が増えてきたことから、中高年の転職が増えています。しかしながら、転職を希望する中高年ビジネスパーソンの一部は、自身の職務経歴の説明にあたって、「○×会社で部長をしていました」などとしか説明できず、なかなか採用に至らないケースがあるそうです。

「会社員」が職業を示していたり、「○×会社」であることが自身のアイデンティティであるという環境にどっぷりと浸かっていると、見ず知らずの相手に対して、自分は何が出来て、相手にどんな貢献ができるのかについて説明するという概念自体が思いつかない、という致命的な状況になってしまいます。

若い人はまだ新鮮な感覚を持っていますが、そのような環境に十年もいるとすっかり染まってしまう可能性は否定できません。海外の企業で働く経験を積めば、こうした感覚は一掃されますから、本業ではもちろんのこと、副業においてもキャリアに対する明確な感覚が反映されることになります。

近年、社会のグローバル化が進んでいると言われますが、グローバル化においてもっとも大事なのは価値観や行動様式であって、語学の問題ではありません。諸外国では当たり前の感覚を身につけていなければ、英語がいくらできても、海外とのやり取りで成功することはできないでしょう。

一方、語学の問題はIT化の進展やアジア企業の台頭によって、年々ハードルが下がっています。外国の企業で働くためには最低限の英語はマスターする必要がありますが、以前のようにネイティブ並みの語学力がなければ働けないというわけではありません。

東南アジアにはすでに多くの日本人が住んでおり、日本人を対象にしたサービスもたくさんあります。こうした日本人向けのサービスを提供する企業であれば、英語力はほとんど必要ないケースもあります。

また技術系のシニア層の場合、語学力にかかわらず、日本で身につけた技術がそのまま生かせるケースも多いですから、海外で仕事を得る機会は以前と比べて飛躍的に拡大しています。本業の領域でも脱日本に踏み出すことができれば、人生の選択肢は大幅に増えることになります。

ビザという最大の問題をどうクリアするか

海外と日本を隔てる最後のハードルはやはり場所でしょう。本格的に海外企業で仕事をするということになれば、最終的には移住が必要となりますし、そのためには多くの課題をクリアしなければなりません。

海外に住むということになると、まずは仕事がイメージされるのですが、海外に移住する人たちは仕事だけが目的とは限りません。最近は日本における子育ての環境が悪化していることから、子どもによりよい教育を施すため、移住を試みる人が増えてきました。

ある程度、資金力のある人に限られますが、リタイアする先として海外を選択する人もいます。諸外国の中には、年金生活者や一定の資産を持つ人を対象に、就労しないという条件で長期の滞在を許可する国があります。働くことはできなくても、資産運用はできますから、働かないという選択ができる人であれば、より簡便に移住することが可能です。

しかしながら、海外移住でもっともメジャーなのは、やはり現地での就労であり、同時に最大のネックとなるのがビザ（査証）の取得です。

海外移住は近年、日本でも注目を集めており、コロナ禍によってリモートワークが定着したことから、さらに多くの人が海外移住に興味を持ち始めています。

場所にとらわれず働ける時代が到来しつつありますから、そうした仕事を実現できるのであれば、日本という場所にこだわる必要はまったくありません。リモートワークをきっかけに都会から郊外や田舎に転居した人の話題もよく耳にするようになっており、都会から田舎への転居が可能ならば、理屈上はそれが海外であっても同じことが実現できるはずです。

ただ、転居先が海外という場合には、日本国内とまったく同じというわけにはいきません。各国は不法移民の問題を抱えており、就労についてはかなり厳しい条件を設定しています。現地で働くことにはかなり高いハードルが存在すると思ってください。

海外移住したという話をブログなどに書いている人も多いのですが、なぜか肝心のビザの話はあまり表に出てきません。中にはあまり正当ではない方法で移住している人たちがいる可能性もあり、こうした人には、最悪の場合、国外退去などの処分が科されることもあります。ビザの話がはっきりしない中での移住話は少し疑ってかかった方がよいでしょう。

現実問題として、ビザの取得はかなり大変なことなのですが、ここにチャレンジできるようになれば、海外のハードルはほぼ消滅したのも同然です。

ビザの制度はコロコロと変わることが多いですから、当たって砕けろの精神で、とにかくトライしてみることが重要だったりします。仮にビザの取得がうまくいかなかったとしても、こうした経験を積むことは、グローバル社会を理解する上で大きな助けとなるでしょう。

脱日本のあり方は人それぞれであり、これがベストというものは存在しません。自分のライフスタイルに合ったやり方で脱日本を進めていくことが重要です。

PART 1

投資の脱日本

長期の株式投資は資産形成の王道

序章でも少し触れましたが、日常生活をほとんど変えることなく、海外の利益を自分に取り込むもっとも効果的な方法は、ネット証券などを通じて海外投資を実践することです。日本の公的年金は財政的に厳しい状況となっており、現時点の水準からさらに2割から3割程度の減額が確実視されています。若い人の多くは、十分な年金が確保できるとは思っていませんから、資産形成にも積極的と言われます。シニア世代の人はまだ退職金が期待できますから、退職金をきっかけに投資を本格化しようと思っている人も多いでしょう。

これからの時代は老後の資産もある程度、自分の責任で作る必要がありますから、何らかの資産形成はライフプランにおける必須事項と考えてください。

資産形成には様々な方法がありますが、いつの時代も資産形成の王道は株式の長期運用です。実際、筆者も20年以上にわたってコツコツと株式投資を続け、資産はすでに億単位になっています。

世の中には投資について天賦の才を持っている人がいて、こうした「天才」は極めて短期間に巨額の資産を作ってしまいます。筆者の知り合いにもそのような人がいましたが、残念なことに筆者にはそうした才能はありませんでした。

現実問題として、投資の才能に恵まれる人はごくわずかであり、この本を読んでいる人のほとんどは、筆者と同様、投資について才能がほぼゼロと思ってください。

では、才能がほぼゼロだった筆者がなぜ億単位の資産を作ることができたのでしょうか。その理由は、資産形成の理論に忠実に従い、時間を味方に付け、長期にわたってコツコツと愚直に投資を継続したからです。

投資において時間をかけることは、あらゆる欠点を克服してくれる極めて有益な方法であり、資産形成を望む人は、基本的に株式の長期投資を実践すべきです。逆に言えば、才能のない人がこの方法以外で大きな資産を作るのは不可能と言っても過言ではありません。

ではなぜ長期投資は他の方法と比較して有利なのでしょうか。その理由は、複利の効果を味方に付けることができるからです。

意外に思うかもしれませんが、株式市場というのは長期的に見ると平均で年間6％程度の値上がりが続いています。ちなみにこの数字は、バブル相場やその崩壊などあらゆる上下変動を平均した結果です。先ほど、筆者は20年以上にわたって投資を継続してきたとお話ししましたが、資産総額の推移を見ると、平均値としてはやはり約6％の割合で資産が増えています。

この間、市場では様々な出来事がありました。

筆者が投資をスタートした時はバブル崩壊直後で、市場環境は最悪でした。

株価は毎年のように下がり続けていましたが、その後、ネットバブルで株価が急騰したかと思えばネットバブルは一気に崩壊。２００３年から07年にかけては小泉相場となりましたが、リーマンショックで大暴落。その後、アベノミクス相場、そしてトランプ相場、コロナ相場と続いています。

今になってみれば、5年ごとに激しい上下変動があったわけですが、その間の平均的なリターンを計算するとやはり6～7％程度になっており、筆者の資産は紆余曲折がありながらも着実に増えているのです。

倒産するような企業は避け、それなりの銘柄に対する投資を長く継続していれば、最終的には平均6％程度のリターンが得られる可能性が高いという現実がお分かりいただけると思います。

6％のリターンと聞くと大したことではないと思えるかもしれませんが、そうではありません。例えば、月あたり2万円ちょっと（年間25万円）の投資を30年間続けたと仮定しましょう。

銀行に預金をしただけでは利子はほぼゼロですから、30年を費やしても750万円にしかなりませんが、年6％の利回りが続いた場合、最終的な資産額は何と2000万円を超えます。短期間の投資で資金を3倍にするのは容易なことではありませんが、時間を味方に付ければ話はまったく変わってくるのです。

この仕組みは複利の効果を最大限利用するという意味で、複利のマジックとも言われています。複利というのは、投資の元本だけでなく、投資から得られた利益も再投資することを指します。利益分も再投資することで投資資金の絶対額が増えていきますから、最終的には極めて大きな資産額になるのです。

例えば、100円を5％の利回りで運用すると、1年経過すると105円になっているはずです。ここで得られた5円をそのまま再投資に回せば、次の年には105円の5％、つまり5・25円が返ってきますから、金額は110・25円になります。これを長期にわたって繰り返すと、想像よりもはるかに大きな金額に育っていくという仕組みです。

米国は日本とは違って株式投資が盛んですから、一般的なビジネスパーソンがごく普通に株式投資を行っています。米国では若い頃から投資を続け、リタイアする時には1億円以上の金融資産を持っているというのは特に珍しいことではありません。一般的なサラリーマンが、長期の株式投資で老後に悠々自適の生活を送る米国の事例を見れば、この話が決して夢物語ではないことがお分かりいただけると思います。

先ほど月2万円の株式投資を30年継続すると、2000万円という金額になる可能性があるという話をしましたが、投資金額をもう少し増やし、月10万円、つまり、年間120万円まで拡大したらどうなるでしょうか。計算してみると30年後には何と資産額は1億円を超えます。年間120万円の投資資金を捻出することは並大抵のことではありませんが、後ほど解説する海外のネット通販を活用した副業などと組み合わせれば、まったく不可能という金額ではないでしょう。

賃金が下がり続ける日本にしがみつくことなく、本業においても、そして副業という部分でも海外の富に着目し、何とか年間120万円の資金を捻出できれば、億単位の資産が見えてくるのです。これだけの金額があれば、よほど贅沢をしない限り、老後の生活を心配する必要はありません。これこそが、一般人が目指すべき究極の人生設計だと筆者は考えます。

外に目を向けると高成長が続く国がたくさんある

もちろん、投資にはリスクがつきものなので、株価が大きく下落するリスクがあることは否定できません。また、これは過去の話であって、将来には当てはまらないと考えた人もいるかもしれません。

しかしながら、筆者はそうは思いません。確かに平均6％のリターンというのは過去の実績であり、将来を担保するものではありませんが、将来もそれに近いリターンが得られる可能性が高いからです。その理由は以下の通りです。

短期的に株価というのは様々な要因で変動しますが、長期的にはほぼひとつの指標に収れんしていきます。それは、株式市場が存在している国の名目ＧＤＰ（国内総生産）です。つまり、株価というのは基本的にその国の経済成長に比例して伸びていくものであり、それ以上でもそれ以下でもありません。

もちろん短期的にはバブルがあったり、リーマンショックがあったりと山あり谷ありですし、企業によっては倒産するところも出てきますから、まさにケースバイケースです。しかしながら、銘柄をしっかり選んでリスクを分散した上で、時間を長くかければかけるほど、株価は、その国のＧＤＰの動きに近づいていきます。つまり、今後も経済成長が見込まれるのであれば、同じように株価も継続的な上昇が期待できるということになります。

ここで重要になってくるのが、国による成長率の違いです。

先ほどの「将来も平均6％程度のリターンが期待できる」という話には、「投資している国が今後も継続的に経済成長すれば」という前提条件が付きます。

日本は戦後、一貫して高い成長が続いてきましたから、株価もそれに比例して順調に上がっていきました。しかし、これからの日本が同じように経済成長を実現できる保証はまったくありません。日本の人口は今後、急激に減少しますし、国民のマインドは著しく内向きになっています。また企業の活力もなくなっており、世界に打って出ようという企業は減る一方です。今後も日本経済は横ばいが続く可能性が高いというのは序章で解説した通りです。

日本はバブル崩壊以降、成長率の鈍化が著しく、直近の20年に至ってはほぼゼロ成長が続いてきました。日本がゼロ成長でも、海外でビジネスをしている日本企業もありますから、株価はそれなりに上がっていましたが、それでも国全体の成長率が低いという現実は株価にとって大きなマイナス要因です。

図は過去30年における米国と日本の株価を比較したものです。約30年前の１９９０年１月のダウ平均株価は約２５９０ドルでしたが、２０２１年7月時点では3万４０００ドルを超えていますから、株価はざっと13倍になった計算です。

一方、１９９０年1月時点での日経平均株価は約3万７１８８円でしたが、２０２１年

日米における株価推移の違い

5月時点では約2万9000円ですから、まだ最高値を更新していません。このようにダウ平均株価と日経平均株価の違いは歴然としています。日本株が底に近づき、その後、上昇に転じる直前のタイミングだった2000年を基準にしても、ダウ平均は3倍を超えているにもかかわらず、日経平均は1・5倍にしかなっていません。

同じ期間投資でありながら両者には極めて大きな差が付いていることがお分かりいただけると思います。筆者は投資ポートフォリオの半分以上が外国株となっており、米国株にも積極的に投資をしてきました。もし筆者が投資先を日本に限定していたら、今の資産を作ることはできなかったでしょう。

日本企業の競争力は今後、さらに低下すると予想されますから、日本に投資を限定してしまうと、十分に資産を増やせない可能性が高まってきます。

序章でも述べたように、マクロ経済モデルを使って日本の将来の成長率を予測すると、ゼロ成長に近い数字が出てきます。投資先を日本に限定している限りは、6％のリターンが得られる可能性は低いと考えた方がよさそうです。

一方、諸外国に目を転じると状況はまったく違ってきます。

米国は先進国としては珍しく、今後も一貫して人口が増え続けます。基本的に人口が増える国は経済成長する可能性が高く、米国に投資をしていれば、ほぼ自動的に株価の上昇が見込めるでしょう。

アジア地域に目を転じると、中国を先頭に成長著しい国ばかりです。中国はすでに大国となりつつありますが、東南アジア各国はまさにこれからという状況ですから、今後も極めて高い成長が見込めます。

日本人はあまりイメージできないかもしれませんが、インドネシアという国は、2040年には人口が3億人以上に膨れあがると予想されています。しかも、インドネシアは近年、急速に豊かになっており、近い将来、日本をはるかに上回る巨大経済圏となるのはほぼ確実な状況です。

長期的なGDPの推移は人口動態に大きく左右されます。そして人口動態というのは、世の中に存在するあらゆる統計の中で、もっとも正確に将来を予想できるとされています。つまり日本以外の地域に目を転じれば、かなりの確度でGDPの増大が予想できるわけです。そしてGDPが増えている国の株価も、やはり、かなりの確率で上がっていくとの推測が成り立ちます。

今後も継続的に株式投資を続けていけば、高い確率で6%程度のリターンを見込める可能性が高いと述べていることにはこうした背景があります。しかしながら、この期待収益を実現するには、経済が成長する国に継続して投資しなければなりません。脱日本が必要であると述べている理由はまさにここにあります。

経済学を精神的な支えに投資を継続

先ほど、筆者は株式投資で成功したと述べましたが、幸運に恵まれた部分も大きく、すべてが自分の能力だとは思っていません。しかしながら、同じように投資をしているにもかかわらず、多くの人が失敗しているという現実を考えると、やはり、筆者のやり方にはそれなりに合理性があったと考えています。

筆者が成功した理由としてもっとも大きいのは、いかなる時にも投資を継続したことと、投資する市場を限定しなかったことのふたつに集約できると思います。

相場には大きな上下変動が付きものです。高い時に買った銘柄は、株価が下がれば含み損を抱えるので、これを乗り越えるには安い時にも投資を続け、平均取得コストを下げなければなりません。これができないと、その後の上昇相場で大きな利益を上げることは不可能です。

しかしながら、高い値段で買った銘柄が含み損を抱え、株価が毎日値下がりする中で投資を継続するのは精神的に厳しいものがあります。筆者は今でこそ十分な経験を積みましたから、株価の下落で資産が少々吹き飛んだところで動揺することはありません。しかしながら、若い時はあまりお金を持っていませんし、何より経験が浅いですから、株価が下がり続ける中、貯金の多くを投資に注ぎ込むのはかなりの苦痛でした。筆者の場合、これを乗り越える支えとなったのは経済学でした。

残念なことに経済学を学んだからといって投資で勝てるようにはなりませんが、マクロ経済学の基礎が分かっていると、長期投資に関する重要なヒントを得ることができます。マクロ経済学から得られる長期投資に関する知見の中でもっとも重要なのは、名目GDPの長期的な推移と株価は連動するという事実です。

経済が成長してGDPが増えれば、相応に物価も上昇しますが、物価が上がった場合には、名目上の株価も上がっていなければ整合性が取れません。これは経済学的にはごく当たり前に導き出せるロジックですが、多くの人がこの視点を欠いています。経済が成長する限り株価も上昇するというのが、経済学的に得られる帰結であるならば、経済成長が止まらない限り、投資を継続することで先ほど説明した6%のリターンに近づけるはずです。

名目GDPがマイナス成長になることはめったにないので、経済というのは基本的に成長が継続すると考えた方が自然です。そうであるならば、たとえ相場が下がっていても、投資を継続した方が合理的という結論が得られるでしょう。

現実の投資は簡単ではなく、先ほども述べたように株価が下がれば、精神的に大きな打撃を受けます。筆者も投資をやめようと思ったことは何度もありましたが、そのたびに、マクロ経済学から演繹的に得られる結論を信じ、心を奮い立たせて投資を継続しました。少々、精神論的な話になって恐縮ですが、もし下落相場の際に心が折れていたら、今の資産を作ることはできなかったと思います。

つまり、相場の環境が悪い時にも投資を継続できるメンタリティが必要であり、筆者は経済学を担保にそれを実行したわけです。

もうひとつの要素は海外市場です。

今説明したように、株式市場全体のリターンは基本的にその国の経済成長に依存します。当たり前のことですが低成長の国にばかり投資をしていては、よい成績を上げることはできません。

筆者は日本人ですから、当然のことながら外国企業よりも日本企業に親しみを感じますし、企業の中身についてもよく知っています。筆者が投資を始めた頃は、ネット証券などは存在していませんでしたから、株の購入は基本的に営業マンとの対面です。当時の証券会社の営業マンは今の時代と比較すると、かなり強引に自社の推奨銘柄を押し売りしてきました。当然のことながら、その銘柄は日本企業ばかりです。

しかし、バブル崩壊以降、日本経済が諸外国と比較して著しく低成長であることは明白になっており、構造的な要因から低迷が長期化するという予想も多く出ていました。この現実を冷静に受け止めれば、日本市場だけに投資をするという選択肢はあり得ません。

筆者は、自身の資産運用が日本の低成長に巻き込まれないよう、資産の6割以上を海外投資に振り向けることにしました。しかし過半数を海外に投資すると決めるのは簡単ですが、それを実行するのはたやすいことではありませんでした。

当時、証券会社で海外の株を買うことは簡単ではなく、しかも、先ほど説明したように、株の売買は基本的に対面ですから、営業マンと直接、やり取りしなければいけません。ノルマに追われる証券会社の営業マンは自社が推奨したい銘柄を強引に薦めてきますから、それを押し切って海外銘柄を買う必要があるのです。

当時の筆者が富裕層なら、営業マンも喜んで対応したでしょうが、一介のサラリーマンに過ぎなかった筆者は「迷惑な客」だったに違いありません（最近はそうした風潮もほとんどなくなりましたが、かつての証券業界では資産のない顧客のことをゴミ客などと呼んでいました）。彼等が推奨する銘柄をことごとく退け、米国株ばかりを希望する筆者に対して、最後は呆れ顔となり、嫌な顔をしながらも、社内手続きが面倒な米国株の取り次ぎをしてくれました。

そうした時代と比較すると、ネット証券でごく簡単に、日本株とほとんど変わらない手間で外国株を買えるというのは、本当に幸せなことだと思います。

つまり、今の時代は、長期投資を成功させるふたつのカギである、「継続すること」と「市場を選択すること」のうち、ひとつのハードルは大きく下がっていることがお分かりいただけると思います。パソコンの前に座れば、米国株でも日本株でも、中国株でもクリックひとつ、タップひとつで買うことができます。このチャンスを生かさない手はありません。外国株と日本株を分けるのは、基本的に馴染みがあるかないかだけですから、心理的要素が大きく影響します。継続投資についても、結局は株価が下がった時にも買い続けられるかという部分に集約されますから、やはり心理的なものということになるでしょう。

メンタルを強くするのは簡単なことではありませんが、心配する必要はありません。発想を変え、弱いメンタルでも投資を継続できるようなやり方を考え出せばよいのです。具体的に言えば、投資対象を安全で確実な銘柄だけに厳選するという方法です。安全で確実な銘柄を探すことができれば、心理的負担の軽減につながり、外国株であることの抵抗感や、継続することの難易度を著しく下げてくれるでしょう。

安全確実な銘柄を選択するのは簡単

では、安全で確実な銘柄を選ぶにはどうすればよいのでしょうか。

日本でも海外でも株式投資であることに違いはありませんから、安全で確実な銘柄を選択する方法は基本的には大きく変わりません。最初に答えを言ってしまうと、それは、超有名な大手企業の銘柄だけを買うというものです。

これを聞いて「下らない」と思われた方もいるかもしれませんが、そう感じられた方のほとんどは、投資の経験が乏しいのではないかと思います。

長期の資産形成という部分に的を絞った場合、超有名な大手企業にだけ投資先を限定するという考え方は、投資で成功するための真髄といってよいものであり、これを完璧に実践するのはたやすいことではありません。

投資に限らず、世の中で成功するためのコツというのは、たいていの場合、誰でも知っているようなことです。ところが、誰でも知っている当たり前の原理原則を多くの人が守らず、その結果として投資に失敗しているのです。

投資の初心者に多いのですが、上場企業数が多すぎて、どの銘柄を買ったらよいのか分からないという声をよく耳にします。しかし、心配する必要はまったくありません。この話については国内市場も海外市場も共通ですが、長期投資を行う場合には、銘柄の選択で困ることはほとんどなく、むしろ買える銘柄がないことの方が悩みの種となるからです。もう少し具体的に説明しましょう。

老後の生活を考えて投資をするわけですから、基本的に過度なリスクを取ることは御法度です。そうなると、途中で倒産するような企業は絶対に避けなければなりません。そうなってくると、必然的に誰もが知っている超優良銘柄以外に選択肢はなくなってしまいます。

加えて言うと、将来的に市場が縮小すると予想される業界の銘柄は、いくら知名度が高くても買うことはできません。業績が悪く、配当が低い銘柄も、将来経営が悪化する可能性が高いですから、やはり避けなければなりません。

伸びる市場に位置していて、誰もが知る優良企業であり、かつ業績もよく（具体的には5期以上、連続で営業利益が増えている企業が望ましい）、高配当ということになると、現実にはごくわずかしか候補に残らないのです。

具体的に筆者が買った米国企業を列挙してみると、P&G（プロクター・アンド・ギャンブル）、マイクロソフト、インテル、ウォルマート、アマゾン、ホーム・デポ、ハインツ（現クラフト・ハインツ）、AT&T、ベライゾン・コミュニケーションズ、ダウ・ケミカル（現ダウ）などです。

P&Gは日本でも多くの日用品を販売しているので、中には日本の会社と思っている人もいるかもしれません。パソコンをまったく使わないという人はもはや少数派だと思いますから、マイクロソフトとインテルの名前も多くの人が知っているのではないでしょうか。AT&Tやベライゾンは、多少アメリカに詳しくないと知らないかもしれませんが、日本で言えばNTTドコモやKDDIのような携帯の通信会社であり、アメリカで両社の名前を知らない人はいないでしょう。ハインツのケチャップもあまり意識せずに多くの人が口にしていると思います。

平均的なリターンを狙う投資なので、割安、割高についてもあまり深く考える必要はありません。銘柄を分散してリスクを低減させることは重要ですが、業績がよい超有名企業の株を買い続ければ、相応の結果が得られるはずです。

長期的なGDPの成長予測では、米国は引き続き高成長が持続し、中国はそれ以上のペースで成長を続け、2030年頃には米中のGDPが逆転する見通しです。こうした現実を考えた場合、先ほど例にあげた米国の超有名企業に加え、中国における超優良企業もポートフォリオに加えるというのが、今後の基本的な長期投資戦略となりそうです。
ただ、中国は高い成長が期待できますが、一方で政治リスクも高く、市場の透明性も低いことから、米国株と同じ感覚で投資をするのは困難です。やはり米国株を中心に銘柄を構成し、次いで中国株、その他のアジア株を組み合わせるというポートフォリオが良いでしょう。

この本の主題は脱日本ですから、日本株については詳しく言及しませんが、世界経済の成長の恩恵をそのまま享受できる企業であれば、日本株に投資しても問題ありません。例えば、米国市場や中国市場を主戦場としている企業であれば、両国の今後の成長がそのまま株価に反映されます。一方で、縮小が続く日本市場への依存度が高い企業は要注意です。あくまでも成長する市場との関連性が高い銘柄に限定することが重要です。

投資信託は買うべきなのか？

超有名企業に限定すればよいといっても、銘柄を選別する作業はラクではありません。企業の業績を調べるのは骨の折れる作業ですから、面倒なので投資信託の購入を検討したいという人もいると思います。筆者はいくつかの条件を満たせば投資信託の購入もアリだと思いますが、安易な購入はやめた方がよいと思っています。

投資信託は、投資のプロに運用をお任せできる商品です。

具体的には、運用会社に所属するファンド・マネージャーやアナリストが、どの企業が伸びそうなのか調査を行い、投資家の利益が大きくなるように、銘柄を選別して投資をしていきます。投資信託の購入者は、商品を買ってしまえば後は何もする必要がなく、すべてお任せでOKです。

投資のプロに任せられるわけですから、良いことずくめのように思えますが、一生涯、投資を継続していきたいと考えるのであれば、筆者は投資信託の購入はあまりお勧めしません。

理由はふたつです。

ひとつは、運用という大事な作業を自分以外の他人に依存してしまうことです。

投資信託のファンド・マネージャーはプロではありますが、プロの投資家が皆、投資で成功しているとは限りません。あまり大きな声では言えないのですが、投資が下手なファンド・マネージャーというのも一定数存在しています。特に日本の場合、金融機関はいまだに年功序列の人事ですから、ローテーション人事の一環でファンド・マネージャーになる人も少なからず存在します。皆が選び抜かれた投資家とは限らないのです。

しかも、私たち個人投資家は、投資信託のファンド・マネージャーがどのような人なのか知る手段がほとんどありません。中には積極的にプロフィールを公開しているファンドもありますが、それはむしろ少数派でしょう。自身の大切な資金を預ける相手が、どんな性格で、どのような能力を持っているのか分からないという状態で、大金を預けなければなりません。人にもよるでしょうが、筆者は怖くてそのような決断はできません。

加えて言うと、他人に依存していると、いつまで経っても投資のノウハウが身に付きません。筆者は長年の経験から断言できますが、投資というのは習い事と同じで習うより慣れろの世界です。場数を踏んだ人には絶対にかなわないと思ってください。投資の能力は基本的に経験値に比例しますから、投資を他人に預けてしまうということは、スキルを向上させるチャンスを自ら放棄していることと同じになってしまうのです。

そして、投資信託における最大のリスクはコストです。

当たり前のことですが、事業者に運用を委託するわけですから、タダというわけにはいきません。投資信託には手数料が発生しますが、長期で投資する以上、一生涯、その手数料を支払い続けなければなりません。この金額は長期になればなるほどバカにならない水準に膨れあがってしまいます。

一般的に投資信託の手数料は、投資金額に対して何%という形で提示されるのですが、これがクセモノです。

例えば、手数料が2％の投資信託があると仮定します。ファンド・マネージャーがうまく運用してくれて、初年度は5％の利益が出たとしましょう。しかし、このファンドは手数料が2％かかりますから、最終的に投資家が得られる利益は3％しかありません。

投資金額に対するパーセントで示されるとピンときませんが、分かりやすく書くと以下のようになります。

100万円を投資した場合、5％の利益ですから、投資収益は5万円です。ここから2万円の手数料が引かれ、手元に残る利益は3万円ということになります。つまり投資で得た利益の4割が手数料として抜かれてしまうのです。2％と聞くと安いと思うかもしれませんが、儲けの4割が手数料と聞くと、多くの人が「高い」と感じるのではないでしょうか。筆者も明らかに高いと思います

しかも、この手数料は毎年必ず、そして、利益が出ていなくてもしっかり取られてしまいます。10年も投資をしていると、価格が変化しない場合には、手数料だけで投資資金が大きく目減りしてしまうのです。長期で投資をすればするほど、手数料負担が重くのしかかってきますから、投資家にとってはますます不利になっていくでしょう。

これが、筆者が投資信託を買わない最大の理由です。

しかしながら、逆に言えば、このデメリットが克服されるのであれば、投資信託を買う価値があると判断できます。この条件を満たす数少ない投資信託のひとつは、インデックス（株価指数）に連動するＥＴＦ（上場投資信託）です。

インデックス型の投信は、日経平均株価やダウ平均株価など、株価指数に連動して動くよう銘柄を構成しています。

日経平均に近い値動きにしようと思えば、日経平均を構成する銘柄を機械的に買えばよいわけですから、こうした投資信託はコストがほとんどかかりません。したがって手数料も極めて安い水準に抑えられています。また上場型の投信であれば、株式を買うように市場でいつでも売買ができます。手軽で換金性も高いので、イザという時にも安心です。

どうしても時間がないという人にとっては、日経平均やダウ平均に連動するＥＴＦを積み立てていくというのはひとつの方法だと思います。ただ、指数に連動するＥＴＦに投資してしまうと、当たり前のことですが、指数以上のリターンを得ることはできません。株価指数というのは、その市場の平均値ですから、平均的な利益しか得られないことになります。

超優良企業の個別銘柄に投資していれば、株価が上がっている時には、指数よりも大きく資産額が増える可能性が高いですから、このあたりは価値観次第でしょう。より積極的に優良銘柄を選別して高いリターンを得たいという人は個別株（もちろん下落するリスクもある）、平均並みで良いという人はインデックス投資にすればよいのではないでしょうか。

ＦＸには手を出さない方がよい理由

日本では投資の初心者がＦＸ（外国為替証拠金）取引に取り組むケースが珍しくありません。本書の読者の中にも興味を持っている人がいるかもしれませんが、長期的な資産形成という観点では、ＦＸへの投資はお勧めできません。

実は、投資の初心者が積極的にＦＸに投資しているのは、世界を見渡しても日本だけです。グローバルな市場では、ＦＸというのはリスクが高い投資であり、投機的なプロの投資家だけが参加するものという認識で一致しています。

なぜＦＸが長期的な資産形成に向かないのか説明していきたいと思います。

ＦＸの特徴は、投資対象が企業ではなく通貨であることです。

通貨というのはまさにお金ですから、それ自体が何か収益を生み出すものではありません。持っていることで何かを買うことはできますが、利益を生み出す能力はないわけです。一方の株式は配当という形で、持っているだけで収益を得ることが可能です。継続的に利益を上げていれば、株価の上昇という形で絶対的な価値も高くなっていきます。

投資というのは基本的に「増やしてナンボ」という世界ですから、何も富を生み出さない通貨というのは、そもそもあまり魅力的な投資対象ではありません。ちなみに銀行にお金を預けていると利子をもらえますが、それは通貨自体が利益を生み出しているのではなく、融資という銀行のビジネスに資金を提供した見返りが利子ということになります。これは銀行の安全性というリスクを取った結果ですから、通貨そのものの価値ではないのです。

FXのもうひとつの特徴は高いレバレッジをかけられるという点でしょう。レバレッジとは資金を借り入れて、手持ち資金以上の金額で取引する方法です（株式投資における信用取引がこれに相当します）。レバレッジが高いと、ごくわずかな値動きでも、大きな損失につながる可能性が出てきますから注意が必要です。

このためFXは他の投資商品と比較して投機性が高い商品とみなされています。つまりFXは、株式と比較するとギャンブル性が高いのです。

株式の場合、その銘柄に投資した人の中で、富の奪い合いが行われるわけではありません。会社の利益が増大し、株価も上昇することで、投資した人全員が利益を得ることもあり得ます。しかしＦＸはそうではありません。

ドル円相場を例にとって考えてみましょう。

例えばドルを買って円を売った人がいたとすると、反対にドルを売って、円を買った人が存在します。ドルが値上がりすれば、ドルを買った人は儲かりますが、反対に円を買ってしまった人はその分だけ損をしています。

ＦＸの場合、売買に参加した人の利益や損失をすべて足し合わせると、その値は常にゼロとなりますが、これを経済学の用語ではゼロサムゲームと呼びます。ゼロサムゲームにおいては、全体の利益は常にゼロで、その中で勝ち負けが生じているに過ぎません。

筆者がＦＸは富の奪い合いだといったのはそのような意味です。

勝ち負けだけの世界になってしまうと、当然、投機性が高くなり、儲かるかどうかについては運に左右される要素が強くなってしまいます。

また、価格が上下する原因が極めて複雑という欠点もあります。

投資の経験が少ない人は、為替というのは円高になるか円安になるかの二者択一なのでシンプルだと思ってしまうかもしれませんが、実際はそうではありません。

株式でしたら、基本的にはその企業が儲かっているのか、ビジネスをしている市場が伸びているのかという単純なルールで株価の上下が決まりますが、為替を変動させる要因は無数に存在します。

為替とマクロ経済の関係は密接ですから、為替の動きを知ろうと思ったら、物価や失業率、金利、ＧＤＰの動きなど、マクロ経済に精通する必要があります。しかも為替の場合、長期的にはある程度、推移を予測することが可能ですが、短期的には限りなく動きがランダムであることが分かっており、予測はほぼ不可能であることが証明されています。為替のトレーディングは、プロでも尻込みすると言われますが、それにはこうした理由があるのです。

一連の状況を理解した上でＦＸ投資を行うのであれば、何の問題もありませんが、円が上がるか下がるかという簡単なゲームだと思ってＦＸに取り組むのはやめた方がよいでしょう。

特に長期の資産形成を目指す人にとっては、ＦＸは必要のない投資だと思って差し支えありません。繰り返しになりますが、資産形成の王道は株式の長期投資であるというのは不変の法則です。とにかく経験を積み、株式投資のノウハウを身につけることが、一般人が資産形成で成功する唯一の方法です。

どうしても不動産に投資したい場合にはＲＥＩＴを選択すべき

ＦＸと並んで日本人に人気のある投資は不動産でしょう。

不動産投資は、投資の一形態として非常に意味のあるものですし、筆者も不動産に投資をしています。また、海外の不動産に積極的に投資する人も多く、やり方によっては高い収益を上げることができます。

しかしながら、ＦＸほどではありませんが、不動産は初心者にはあまり向かない投資対象ですし、ある程度熟練した人でも、やり方には相応の注意が必要です。少なくとも初期の段階で取り組む対象とは言えないでしょう。

不動産投資は以前から根強い人気がありますが、いわゆる「サラリーマン大家さん」の成功事例などがメディアで紹介されたことから、近年は不動産投資への関心がさらに高まっているように見えます。

筆者は、実際に不動産投資を行っているのでよく分かりますが、実物の不動産投資というのは、株式投資など金融商品への投資と比較して「事業」というニュアンスが非常に強くなります。もちろん株式投資も、トヨタやパナソニックといった企業が取り組む「事業」に対して投資をするわけですが、その事業との関係は間接的です。投資家が直接、トヨタの事業に関与するわけではないからです。

ところが、実物の不動産に投資するということは、自分自身が、三菱地所や森ビルといった不動産会社になることと基本的には何も変わりません。自身に経営者としての才覚があるのかどうかで結果が大きく変わってしまうのです。

不動産投資はしっかりとした物件を選びさえすれば、それほど手間はかかりませんから、サラリーマンをやりながらでも副業という形で投資を継続できると思います。しかし副業や兼業であっても、不動産会社の経営者であることに変わりはありませんから、それは一種の起業と考えるべきでしょう。

もし起業するのなら、不動産のビジネスにこだわる必要はなく、他の業種の中から検討してもよいわけです。

また、資金があまりない人が、実物不動産でそれなりの利回りを得るためには、銀行から資金を借りる必要も出てきます。自身が保有する金額以上のお金を借りてしまうわけですから、これはFXのレバレッジ取引と同じであり、うまくいかなかった場合には、最悪、自己破産する可能性も考慮に入れる必要が出てきます。

もし不動産にも本気で取り組みたいと考えているのなら、株式投資を一定期間継続し、ある程度の資産額になってからの方がよいでしょう。

実際にやってみると分かりますが、不動産業界ほどお金持ちにとって有利な世界はありません。優良な物件はお金のある人に優先的に紹介されますし、場合によっては横から割り込んで奪い取ることも簡単にできます。お金のあるなしで露骨に顧客を差別するのは良くないことですが、これも競争社会の現実のひとつです。

海外の不動産投資もお金に余裕があると有利になることがたくさんあります。

不動産はどの国でも同じようなものですから、言語の違いはあるものの、契約のあり方や売買の慣行などに、著しい違いはありません（もちろん法的なリスクは国によって様々ですが、基本的な売買や管理のやり方は同じです）。

ただ海外の場合、日本よりも不動産の維持費がかかるケースが多く、資金繰りは難しくなります。

日本では、自分の所有している家であれば、どんな家でも賃貸に出せますが（テナントが付くのかはまた別問題として）、米国の場合、州によって異なるものの、基本的に行政当局の厳しい審査があり、賃貸住宅として不適切と判断された住宅は賃貸に出すことは出来ません。

審査に通らない場合には、基準をクリアするまで、家の修繕や設備の更新を行う必要があり、その分だけコストがかかります。また、一部の賃貸物件では水道光熱費も大家が負担するケースがありますし、日本よりも固定資産税が高い国はザラにあります。売却して利益を得るまでには一定の時間がかかりますから、その間は十分なキャッシュフローが得られない可能性も出てくるわけです。

しかしながら、日常的にコストがかかる分、不動産が値上がりした時の上昇幅は大きく、時にびっくりするような利益を得られることがあります。海外不動産投資は、お金に余裕があると圧倒的に有利になるのです。

このように不動産は基本的にお金持ちにとってメリットがある投資対象なわけですが、それでも不動産に投資したいという人は、ＲＥＩＴ（不動産投資信託）の購入を検討すべきでしょう。ＲＥＩＴは不動産を運用するために組成された投資信託で、各国市場には多くのＲＥＩＴが上場しています。

一等地に建つオフィスビルの所有権を小口化したものや、物流施設に特化したもの、あるいは住居に特化したものなど数多くの種類があり、ネット証券で簡単に買うことができます。

例えば、森ビルのＲＥＩＴを購入すれば、すぐにでも六本木ヒルズの部分オーナーになることができますし、海外市場にも同じようなＲＥＩＴがありますから、小さな金額から世界の優良不動産に投資が可能です。

商品にもよりますが、ここまで金利が低い時代においてもREITは3～4%の利回りが得られていましたから、かなりの高収益です。お金がない段階から、どうしても不動産投資に取り組みたいのであれば、まずは、REITからスタートするのがよいでしょう（ちなみにも筆者もREITにはたくさん投資をしています）。

インフレ対策としての金の魅力

先ほど、FXのところで、利子や配当といった収益を生み出さない資産は投資対象として魅力的ではないというお話をしました。その点では、多くの日本人が興味を持っている金も同じカテゴリーとなり、投資対象としてはあまり魅力的とは言えません。しかしながら、金については収益性とは別の観点での役割があり、全体の一定割合以下であれば、金を保有する合理性があると考えます。

金を持つ理由はズバリ、インフレ対策です。

継続的に物価が上昇する現象のことをインフレと呼びますが、インフレが発生した時には金は有力な投資対象のひとつとなります。

日本では長くデフレが続いてきましたから、若い人の中には物価というのはまったく上がらないものだという感覚を持つ人もいるようです。しかし物価が上がらない状態というのは、歴史的に見ても世界的に見ても異常な状態であり、かなり特殊なことだと考えた方がよいでしょう。

日本も昭和の時代までは毎年のように物価が上がっていましたし、過去20年を見ても、日本以外の先進国は一貫して物価が上昇しています。日本の消費者が購入している製品の多くは輸入ですから、諸外国の物価が上がれば、いつかは国内の製品価格に転嫁されてしまいます。長期で投資を行う場合には、常に物価上昇リスクがあると考えた方がよいのです。

基本的に物価が上がっている状態の時は、株価も上昇します。物価が上がっている時はたいていの場合、景気も良くなっているからです。

しかし、先ほど説明した輸入価格のように、国内経済が低迷していても、海外の経済成長が著しい場合には、景気が悪い状況であるにもかかわらず、物価だけが上がるという状況に陥ります。

理屈上は、物価が上がった分だけ見かけ上の株価も上がるはずですから、株式投資は大きな影響を受けないように思えます。

例えば、自動車1台の価格が200万円の場合、景気が変わらず物価だけが上がった場合、次の年は220万円に値上げされているかもしれません。この時、自動車メーカーの業績は、販売台数は同じでも価格が上がっていますから、売上高が1割増えているはずです。そうなると利益も比例して増えますから（実質的には物価が上がっているので儲かってはいませんが）、その分だけ株価も上昇します。したがって一般的に株式はインフレに強い投資対象ということになります。

ところが現実は一筋縄ではいきません。

物価が上昇した分だけ給料もすぐに上がればよいのですが、景気が良くない状態でインフレが発生すると、そうはならないケースがほとんどです。物価が先に上がり、後になってやっと給料が追いつくという状況が続きますから、国民の生活が苦しくなります。

生活が苦しくなると、多くの世帯が財布の紐を締めますから、企業の業績が悪化する可能性が高くなるのです。このため1台あたりの価格は上がっても販売台数が減り、その分だけ利益も減少して株価が下がるということが十分にあり得ます。

つまり、長期的には物価上昇分だけ株価も上がっていくはずですが、短期、中期的には株価下落リスクを考慮する必要があるのです。

こうした時に威力を発揮するのが金などの代替資産です。

過去の値動きを検証すると、金はインフレが進むと買われる傾向が顕著ですから、急激なインフレで株価が下がった時のリスクヘッジになります。したがって、ポートフォリオの一部を金にしておくことは合理性があると考えてよいでしょう。

ただ現物を保管するのは危険ですし手間もかかりますから、具体的には金のＥＴＦを購入するのがベストです。ＥＴＦであれば通常の株式とまったく同じように売買できますし、すぐに売却することも可能です。

しかしながら金というのは、株や債券と異なり、持っているだけでは何も利益を生み出しません。それどころか保管コストがかかるため、収益はマイナスになります。金のＥＴＦも価格に変動がなければ、毎年ごくわずかですが、保管コスト分だけ価格が下がっていきます。したがって金というのは、主力の投資商品には絶対になり得ません。あくまで投資の主力は株式であり、そのリスクヘッジとして一部を金に投資するという位置付けに限定すべきでしょう。

金はインフレ期待が生じると価格が上昇しますが、そのインフレ期待が消滅すると暴落することもしばしばです。基本的にリスクの高い資産であるということを念頭に置いた上で投資することが重要です。

やはり米国市場が最優先

では、ここまで書いたことをもう一度整理して、投資の脱日本を実現する方法についてまとめたいと思います。

繰り返しになりますが、資産形成の王道は今も昔も株式の長期投資です。基本的にこれ以外の方法で一般人が大きな資産を作る方法はないと思ってください。

実物不動産は、ある程度資産が大きくなってから取り組むべきものなので、才能に絶対的な自信があるという人以外は、初期段階では選択しない方がよいでしょう。FXは基本的に投機性の高い商品ですから、長期的な資産形成には不向きです。とにかく本気で資産を作りたいと思っているのなら、腰を据えて株式投資を続けることが重要です。

長期の株式投資を行うにあたってもっとも重要なのは、経済が成長する市場に投資することです。長期的に見た場合、株価とGDP成長率は比例しますから、長期的に低迷が続く国の企業に投資していては儲かりません。

その点からすると日本企業にだけ投資をするという選択肢は避けた方がよく、ポートフォリオの中核に据えるのは海外企業の方がベターです。

基本的には、経済規模が大きく、今後も長期的かつ安定的に経済成長が見込める国ということになりますが、現時点では米国が第1候補ということになるでしょう。世界経済は、米国、欧州、中国という3極を中心に動いていますから、まずはこの3つの中から市場を選択することが重要です。

米国は先進国としては珍しく、今後も一貫して人口が増えることが予想されており、それに応じて順調な成長が見込まれています。米国には規模が大きく、安定的に成長できる巨大企業がたくさんありますし、外国企業の中では米国企業の知名度は突出して高いことから、銘柄選択はそれほど難しくありません。まずは米国市場を中心に銘柄を構成するのが良いと思います。

一方、中国はこのところめざましい成長を実現しており、多くの調査機関が２０３０年までに米中のＧＤＰが逆転し、中国が世界最大の経済大国になると予想しています。ただ、ＧＤＰの絶対値では世界1位になりますが、1人あたりのＧＤＰはまだまだですから、米国のような豊かな消費市場が育つまでには時間がかかります。その分だけ企業の多様化は進まない可能性が高いでしょう。

中国は、かつて行われた少子化政策の影響から、今後、人口減少が急速に進むと予想されています。中国のＧＤＰは米国を抜くものの、少子化の影響によって米国と中国の差はあまり拡大せず、その後は拮抗して成長するという予想が大半です。また中国は米国と比べて市場の透明性が低いですから、同じ期待リターンを得るために取らなければならないリスクは高くなります。今後の中国市場の展開次第ではありますが、今のところは、米国市場を補う2番目の投資先として考えておくのが良いでしょう。

では欧州はどうでしょうか。

欧州にも米国に匹敵する好業績な巨大企業がたくさんありますから、こうした企業を選別して投資するのであれば、欧州も有力な投資先となり得ます。

ただ欧州の場合、日本と同様、人口減少のペースが著しく、長期的には高い成長が見込めないというのが一般的な見立てです。やはり経済圏全体の成長力という点では、米国や中国にはかないません。欧州をメインに据えることはせず、米中両国を補う対象として捉えておくのが良さそうです。

市場規模や今後の成長性という点では、残念ながら日本市場は選択肢に入らないのですが、米国や中国など、今後伸びる市場を主戦場にしている企業であれば、両国と同じレベルの成長を享受できます。こうした企業に限定すれば、日本企業であっても投資対象にすることができます。

これまでの時代は、米国を主戦場にするグローバル銘柄といえば自動車メーカーで決まりでしたが、自動車産業はＥＶ化と自動運転という１００年に1度の変革期を迎えています。業界秩序の激変が予想されますから、ある意味ではチャンスともいえますが、逆に言えばトヨタであっても判断を誤れば大打撃を受ける可能性があります。長期的な資産形成という部分に限定した場合、自動車産業のＥＶシフトが一段落するまでは、投資は控えた方がよいかもしれません。

自動車以外の産業で、米国市場で継続的にビジネスができる業界であれば、有望な投資先となります。政治的なリスクはありますが、中国市場も同様です。商社の中からも伊藤忠商事のように中国市場に多くのリソースを投入するところが出てきました。

基本的には米国企業を中心に一部の中国企業、そして米中の市場で業績を伸ばせる日本企業という順番で銘柄を選択するのが良さそうです。

銘柄の選別はシンプルに行うのがベスト

投資対象は、市場を代表するような銘柄に限定した方がよいでしょう。基本的には誰でも知っているような企業のみが対象と考えて差し支えありません。長期投資の場合、株価の上昇による売却益も大事ですが、配当の蓄積も大きな原資となります。しっかりと利益を出し、かつ配当利回りの高い銘柄を選択した方が長期的には投資収益が大きくなります。

業績という面では、単純ではありますが、売上高と営業利益のふたつの要素に注目してください。実は投資を決断するにあたって重要な情報はこのふたつに集約されているといっても過言ではないのです。

会社の業績というのは常に変動するものですが、規模の小さいベンチャー企業などを除けば、今年好調だった企業が、次の年に売上高が半分になるといったことはまず起こり得ません。業績が拡大する時も同様で、売上高と利益が年々着実に増加してくるというパターンを描くことがほとんどです。

したがって、著名企業に的を絞り、売上高と利益が過去5年間、順調に伸びているかどうかをチェックすれば、それだけで有力な投資対象をスクリーニングできます。企業の利益には様々な種類がありますが、重要なのは最終的な利益である「当期利益（Net Income）」ではなく、本業での利益を示す「営業利益（Operating Income）」の方です。

当期利益は資産の売却や減損など、特殊要因で大きく上下にブレることが少なくありません。一方、営業利益はその会社が、本業でいくら稼いでいるのかを示していますから、過去の推移を見る場合には最適な指標です。仮に当期利益が伸びていても、営業利益が横ばいもしくは減少している場合には、本業に何らかの問題が生じている可能性が否定できません。

売上高と営業利益がともに順調に伸びていればベストですが、仮に当期利益が大きく落ち込んでいる場合でも、営業利益が伸びていれば、それは一時的な業績悪化である可能性が高くなります。当期利益が減った理由を探り、一時的なものであることが分かれば、買いチャンスということになるでしょう。

一方で、いくら当期利益が増えていても、営業利益が伸び悩んでいるケースもあります。本社ビルを売却し、その売却益を当期利益に計上して増益になったとしても、営業利益は低いままですから、こうした企業は投資対象としては不適切です。

著名企業に的を絞り、その中から、過去5年の売上高と営業利益が順調に伸びている企業を選択するだけで、候補は大幅に減っているはずです。さらに、配当利回りが高く、今後も成長が見込める市場でビジネスをしているといった条件で取捨選択していくと、企業数はもっと少なくなり、最後はごくわずかしか候補に残らなくなるはずです。一連のスクリーニングで残ったごくわずかな企業こそが、長期投資にふさわしい対象ということになります。

当然のことながら10年、20年という単位では伸びる企業も変わってきますから、業績チェックを毎年行い、条件を満たさなくなった企業は他の企業に入れ替えるという、いわゆるリバランスを少しずつ実施していく必要があります。

長期の資産形成において、銘柄選定で実行しなければならないのはこれだけです。基本的には売上高と営業利益を過去5年分、愚直に調べ続けるだけなのですが、ほとんどの投資家がこの基本をないがしろにしています。その結果、企業の基本的な状況をしっかり把握できず、投資で失敗しているのです。

こうした筆者のやり方に対しては、「株価は需給で決まる部分もある」「キャッシュフローを無視している」など様々な批判をしてくる人がいます。しかしながら、こうした批判をしている人のほとんどは現実には株式投資で儲かっていません。

確かに金融工学や投資理論を駆使した難しい説明を聞くと納得したような気分になるかもしれませんが、金融工学というのは儲かる方法を理論化したものではありませんから、投資で利益を得るという点ではほとんど意味がありません。

筆者は経済の専門家ですし、投資ファンドに在籍したこともありますから、金融工学もひと通りマスターしています。「金融工学を駆使した小難しい解説をしろ」と言われれば、それこそ何十時間でも続けることはできますが、そのような解説を聞いたからといって投資で勝てるようになるわけではありません。

投資には様々な要因がありますが、伸びている国でビジネスをしている、過去5年間の売上高と営業利益が順調に伸びている、著名企業である、といった条件を満たした企業というのは、結果的に他のすべての項目もクリアしている可能性が高いのです。企業によってはあてはまらないケースもありますが、これについてはポートフォリオという形で銘柄を分散すれば、確率論的にリスクを軽減することが可能です。

先ほどから説明している銘柄選定の方法を愚直なまでに、そして長期間継続できた人だけが長期投資で成功するのです。

PART 2

副業の脱日本

ｅＢａｙを利用して海外で稼ぐ

本書では、投資で大きな資産を形成するためには相応の資金が必要であり、そのためには副業についても積極的に取り組む必要があるという話をしてきました。そして、日本経済の現状を考えると、副業についても海外に目を向けた方がよいと筆者は考えています。

副業とはいえ、外国とビジネスをすると聞くと尻込みする人も多いと思いますが、あくまでも副業ですし、今はネットの時代です。ネットを駆使することで、日本にいながらにして出来るやり方を選択すれば、心理的なハードルはかなり下がるのではないでしょうか。

実際、ネットのサービスをうまく活用すれば、実は海外と直接ビジネスをすることはそれほど難しいことではありません。その理由は、国をまたいだネット通販（いわゆる越境ＥＣ）の環境が、近年、急速に整ってきたからです。

外国とのやり取りは、投資であれ、就職であれ、「慣れ」が肝心ですから、とりあえずやってみるというのが最短距離です（本書の情報は原稿執筆時点のものであり、随時変わります。特にこのＰＡＲＴ２とＰＡＲＴ４について、利用の際は最新情報をご自身でご確認ください）。

日本では「ヤフオク！」や「メルカリ」などのサービスを活用し、個人で商品を出品して、お小遣いを稼ぐ人が増えています。ヤフオクやメルカリは、基本的に日本国内向けのサービスですが、日本以外に目を向ければグローバルに展開しているＥＣサイトもあり、こうしたＥＣサイトでは、外国からモノを買うこともできますし、外国にモノを売ることも可能となります。グローバルなＥＣサイトとしてもっとも有名なのはやはりｅＢａｙでしょう。

ｅＢａｙは、１９０カ国に展開する世界最大級のオークションサイトで、全世界に1億6０００万人の利用者がいます。日本最大のオークションサイトであるヤフオクの会員数は約１９００万人、フリマアプリのメルカリも約１９００万人ですから、日本のオークションサイトの約10倍の規模があることが分かります。

ｅＢａｙのサイトでは、オークション本体のサイトであるｅＢａｙ．ｃｏｍと日本サイトのｅＢａｙ．ｃｏ．ｊｐの2種類があります。基本的にオークションに参加するためにはドットコムのサイトに登録する必要があります。

ｃｏ．ｊｐのサイトは、日本法人が運営しており、ｅＢａｙに出品するための各種情報が提供されています。ｅＢａｙ本体は英語ですが、オークションの場合、ごく基本的な英単語が分かれば操作できますから、英語のサイトに不慣れな人でも、とりあえずやってみれば何とかなります。日本語のサイトには出品に関するノウハウ的な情報が載っていますから、こちらを参考にすれば、よりスムーズに出品できるようになるでしょう。

英語というハードルは超えなければなりませんが、日本国内でのオークション出品と比較して、ｅＢａｙへの出品にはメリットがたくさんあります。

何より利用者が10倍もいますから、市場規模がまったく違います。しかも日本の場合、今後、人口が急激に減少していきますから、お客さんの数は年々、減る一方です。ところが全世界の人口は、今後、さらに増える見通しなので、世界を相手にすれば、黙っていても潜在顧客が増えていきます。

今のところｅＢａｙの利用者は、欧米が7割、アジアが2割という状況ですが、今後は中国や東南アジアの生活水準が劇的に向上しますから、アジアの比率が急激に高まると予想されます。

欧米の利用者の場合、日本の商品を欲しがる人の割合はそれほど高くありませんが、アジアでは話は違ってきます。アジアでは日本の商品には高いブランド力があり、中古品もよく売れます。日本製品を好む人が多く、しかも市場規模が急拡大しているわけですから、アジアの利用者を狙わない手はありません。

ライバルが少ないという点でも非常に魅力的です。

近年、政府が副業推奨に舵を切ったことから、オークションサイトやフリマアプリで商品を販売してお金を稼ぐ人が増えてきました。これ自体は良いことですが、一方で多くの人が商品販売を行えば、当然の結果として競争が激しくなります。ヤフオクやメルカリに商品を出す人の数は増える一方ですから、今ではあちこちにライバルが存在するという状況です。

ヤフオクやメルカリでは、ある商品が「売れる」と認識されると、同業者が次々と類似の商品を出品するという現象がよく見られます。価格はあっという間に下がり、手間をかけた商品も薄利多売になってしまうことが多いのです。

ヤフオクやメルカリへの出品者は今後も増加が予想されますから、ライバルがひしめく中、ひたすら値下げ競争に巻き込まれてしまう可能性が否定できません。

一方、海外のサイトに出品する日本人はまだ少数派ですから、圧倒的にライバルが少ないというメリットがあります。この点において、海外のサイトはブルー・オーシャンに近い状況と考えてよいでしょう。

ブルー・オーシャンというのは、著名な経営学者が編み出した用語で、競合が存在しておらず、自由にビジネスを拡大できる市場のことを指します。これに対してレッド・オーシャンというのは、血で血を洗うような厳しい市場環境を意味しています。レッド・オーシャンにおいては、限られたパイを多数の競合企業が奪い合いますから、利益を上げることは極めて難しくなります。一方、ブルー・オーシャンには競合がいないので、高い利益率と売上高の持続的な拡大が見込めます。

厳密にはブルー・オーシャンというのは、他にはない差別化要因を持ち、新しい市場を開拓することを意味しますから、オークションというすでに存在する市場に出品する行為そのものは差別化要因とは言えません。

しかしながら、日本人のほとんどが海外インフラを利用しておらず、しかも、今後も多くの人が利用を尻込みする可能性が高いという前提に立てば、海外サイトへの出品はある種のブルー・オーシャン戦略と考えることができるでしょう。

まずはＰａｙＰａｌ口座を開設しよう

海外のオークションサイトを利用するにあたって、どうしても避けて通ることができないのが決済です。

日本のオークションサイトやフリマアプリでは、商品を販売した代金の受け取りに銀行口座を利用することが一般的です。あらかじめ銀行口座を登録しておき、そこに代金を振り込んでもらうという仕組みです。相手から直接振り込んでもらうケースもありますが、間に運営企業が入り、相手に口座情報を明かさずに決済できる仕組みを用意している事業者もあります。

海外のオークションサイトも、自国向けのサービスを展開しているサイトでは、その国に銀行口座を登録する方法が一般的と考えて差し支えありません。例えば、米国のアマゾンに商品を出品するためには、米国の銀行口座が必要となります。ｅＢａｙと同様、米国のアマゾンに商品を出品して稼いでいる日本人もいますが、最大のネックとなっているのが銀行口座です。

どこの国も非居住者が口座を開設するのは簡単なことではなく、少なくとも現地に行って支店の窓口で交渉しなければ口座は作れないことがほとんどです。このため、米アマゾンに出品したいと考えている日本人は、米国で会社を設立し、法人名義で口座を開設するというのが標準的でした。

近年、越境ＥＣが活発になってきたことから、銀行口座をレンタルしてくれるサービスも登場してきました。こうした仕組みを活用し、擬似的に銀行口座を用意してアマゾンに出品する人も増えているようですが、やはり銀行口座を用意するというのは、それなりに手間がかかります。

ＰａｙＰａｌは現時点においては、もっとも広く使われているグローバルな決済・送金プラットフォームですから、海外のサイトで商品を出品しない人でも、とりあえず口座を持っておいて損はないでしょう。

ＰａｙＰａｌは、２００カ国、3億人以上が利用している金融サービスで、20以上の通貨に対応しています。

先ほど、ｅＢａｙの利用者は約1億６０００万人で、１９０カ国に展開していると説明しましたが、ｅＢａｙの利用者数とＰａｙＰａｌの利用者数や利用できる国の数は近い数字であることがお分かりいただけると思います。

また、日常的にグローバルに商品を売り買いしたり、海外とお金のやり取りを行っている人は、約2億人であることもこの利用者数から想定できるでしょう。この人数は、アジア地域の経済成長によって今後、大きく増える可能性が高いですから、ごく短期間に3億、4億というレベルになりそうです。

ＰａｙＰａｌは全世界にサービスを展開している企業ですが、口座を作ることはそれほど難しくありません。サイトは日本語にも対応していますから、誰でも問題なく口座を作ることができると思います。

ＰａｙＰａｌで口座を開設するにあたって注意する必要があるのは、口座の種類です。ＰａｙＰａｌの口座にはパーソナルアカウントとビジネスアカウントという2つの種類があります。個人的に買い物をしたり小額を送金するだけでしたら、パーソナルアカウントでも問題ありませんが、ｅＢａｙなどに出品して代金を受け取る場合には、ビジネスアカウントを選択した方がよいでしょう。

口座を開設するためには、基本的にメールアドレス、電話番号、クレジットカードなどがあれば大丈夫です。

当然のことながら本人確認が必要となりますが、本人確認には銀行口座の口座振替設定をするか、免許証などの本人確認書類をサイト上にアップロードするという2つの方法があります。メガバンクやゆうちょ銀行など、ＰａｙＰａｌ側が指定している銀行であれば、口座振替登録が本人確認を兼ねることになります。

クレジットカードについても似たような確認作業が必要となります。クレジットカードを登録すると、ＰａｙＰａｌが200円程度の小額課金を行うので、クレジットカードの明細を見て記載されている4ケタのコードをサイトに入力すれば、確認作業が終了となります（課金された小額請求は返金されます）。ＰａｙＰａｌの口座を開設できたら、次はいよいよｅＢａｙの口座開設です。

住所や電話番号の英語表記に慣れておこう

ｅＢａｙのアカウント開設は英語になりますが、手続き的にはＰａｙＰａｌよりもむしろ簡単なくらいです。基本的にメールアドレスがあればアカウントを開設することができます。

ｅＢａｙのサイトにアクセスすると、サイトの上部にｒｅｇｉｓｔｅｒ（登録）という項目があるので、ここをクリックして登録画面に移ります。登録画面で名前やメールアドレス、パスワードなどを入力するとアカウントが開設できます。ちなみにグーグルアカウントやフェイスブックのアカウントを持っている人は、両者を使って登録することも可能です。

アカウント開設自体はこれだけですが、このままでは商品を売り買いすることができません。商品を売り買いするためには、住所や電話番号などの付加情報も登録する必要があります。

Ａｄｄｒｅｓｓ（住所）の項目を探して、住所や電話番号などを英語で入力します。ここで注意する必要があるのは、住所や電話番号の表記です。日本では住所を表記する際、都道府県名、市区町村名、町名、番地、マンション名の順番で書きますが、英語表記の場合には逆になります。

例えば、「東京都千代田区丸の内1-1-1日本ホーム101号」という住所を英語表記する場合には、「101 Nippon Home, 1-1-1, Marunouchi, Chiyoda-ku, Tokyo」という順序になりますので注意してください。

Cityという項目には、市町村に住んでいる人はその名称を、東京23区の場合には区名を入れればよいでしょう。Stateの項目には都道府県名を入れてください。Postal codeは郵便番号を指します。米国のサイトではZIP codeと表記しているケースもありますが、同じ意味です（ZIP codeとは元来、米国郵便公社が使用している番号で日本の郵便番号に相当するものですが、これが転じて、郵便番号を示す一般名詞としても使われています）。

海外とやり取りするようになると、自分の住所を英語で書く機会が増えますから、パソコンなどでメモを取っておき、スムーズに入力できるようにしておいた方がよいと思います。

ネットなどを見ると英語表記についていろいろ難しいことが書いてあり、どれが正しい表記なのか混乱してしまいますが、筆者の実感としてはそれほど気にする必要はありません。というのも、こうしたサイトで登録する住所は、自宅に郵便物を配送してもらう際に必要となるものですから、基本的にこの住所は日本の郵便配達員や宅配事業者の配送員の人が見るものです。

海外のサイトですから、日本語表記に対応していないだけで、日本人が分かる内容であれば大きな問題は発生しません。逆に言えば、日本人が見て意味が分からない記述の方が、むしろ配達されないリスクが高くなります。

ネットでは、「外国ではマンションという名称は集合住宅には使われないので、英語表記の場合は apartment になる」といった情報をよく見かけます。確かにその通りで、マンションというのは大邸宅という意味ですから、外国において日本で言うところのマンションにこうした名称が付くことは通常あり得ません。少なくとも筆者の知る限りでは一件も見たことがありませんでした。

しかしながら、ここで英語表記された住所は、あくまで日本の郵便配達員や宅配配送員が見るものですから、マンションという表記を変えてしまうと届かなくなる可能性はゼロではありません（郵便局や宅配の配達員は、地域の状況をよく把握しており、表記が違っていても類推で配送してくれることも多いのですが、分かりやすい表記の方がよいに決まっています）。英語とはいえ、同じ日本人が見るものだということを強く意識した方がよいでしょう。

電話番号は最初のゼロを省略する

一方、電話番号の表記には別の注意が必要です。

ｅＢａｙに登録したからといって先方から電話がかかってくることはありませんし、商品を買った相手とも基本的にはメールでのやり取りとなりますから、電話を使うケースはほとんど考えられません。しかしながら、ＥＣサイトに登録する際には、本人確認目的でＳＭＳ（ショートメッセージサービス）が送られてくることがあります。間違った電話番号表記をするとＳＭＳ認証で躓《つまず》きますから、電話番号の英語表記については、慣れておいた方がよいと思います。

ｅＢａｙ登録画面の電話番号の項目では、最初に国名を選択します。日本の国際電話の国番号は「+81」ですから「Japan +81」を選択します。電話番号を英語で記述する際に注意する必要があるのは、番号の最初に「0」がある場合、これを省略することです。例えば09012345678という番号は、英語表記では+81に続けてゼロを取り、+819012345678と記述します。ｅＢａｙの場合には、国番号はタブで選択するようになっているので、電話番号の欄には9012345678と入力すれば大丈夫です。

基本的にこれで入力は完了するはずですが、場合によっては、メールアドレスやＳＭＳを使った認証が行われます。

メール認証は、登録したメールに確認メールが送られてくるので、メールを開き、確認ボタン（Confirm）を押して、メールを受け取っていることをｅＢａｙ側に通知します。ＳＭＳ認証の場合には、やはり登録した電話番号にＳＭＳが送られてきますから、記載されているＰＩＮ（個人識別番号）を入力して本人であることを証明します。

これでｅＢａｙのアカウントとＰａｙＰａｌのアカウントが準備できましたから、あとは両者のアカウントをリンクし、ｅＢａｙ上でＰａｙＰａｌを使えるようにすれば決済をスタートできます。

まずは買い物から

ｅＢａｙ上でＰａｙＰａｌを使うためには、ｅＢａｙの Account Settings（アカウント設定）の項目をクリックして設定画面に移動し、Payments（支払い）の中から PayPal Account を選び、Link myPayPal（ペイパルとリンクする）をクリックします。そうするとＰａｙＰａｌの画面に移動しますから、ここでＰａｙＰａｌのメールアドレスとパスワードを入力すればリンクは完了です。

これでｅＢａｙ上でＰａｙＰａｌが利用できるようになっているはずです。

すぐに物販を開始してもよいのですが、国際的なネット通販に慣れる目的と、どのような商品が出品されているのかを知る目的を兼ねて、まずは商品を買うというところからスタートした方がよいでしょう。自身が買い物をしてみれば、仕組みもよく分かりますし、やがて出品の勘所もつかめるはずです。

ｅＢａｙのトップ画面に行くと、上の方に国旗とShip toという文字が見えますが、これは日本への出荷が可能という意味です。ｅＢａｙ側はＩＰアドレスから日本の利用者であることを検出しているはずなので、通常は何もしなくても日本の国旗になっている可能性が高いと思います。もし別の国旗になっていた場合には、クリックして日本の国旗を選択してください。これによって日本で買える商品だけが表示されます。

ｅＢａｙはいわゆるネット通販サイトですから、使い方は基本的にアマゾンや楽天、ヤフーショッピングと大きく変わりません。分野を選択して、欲しい商品項目をたどっていくか、検索キーワードを入力して直接、商品を探します。

例えば、Fashionのタブをクリックしてファッションのページに行けば、Men's Clothing（紳士服）、Watches, Parts & Accessories（時計・アクセサリー）、Kids' Clothing, Shoes & Accessories（子ども服など）、Women's Clothing（婦人服）など、サブカテゴリ

ーがありますから、さらに移動すると多くの商品が表示されます。

気に入った商品をカゴに入れて決済するのは、日本の通販サイトとまったく同じです。決済はクレジットカードを使うか、先ほど登録したＰａｙＰａｌを使うのか、選択する必要があります。英語で決済のことはCheckoutと呼びますが、商品ページでBuy It Now（今すぐ買う）のボタンを押すと、Checkout画面に移動しますから、ここでＰａｙＰａｌかクレジットカードを選択します。ＰａｙＰａｌを選択した場合には、ＰａｙＰａｌのログインページが表示されますから、ログインした上で指示にしたがって決済を行います。

検索で商品を探す場合には少し工夫が必要です。欲しい商品や関連するキーワードを英語で何と表記するのか知らないと、適切に商品を選べないからです。

これは習うより慣れろの世界ですから、まずはカテゴリーで商品を選択するのがよいでしょう。慣れてくると、自然とキーワードが頭に入ってきますから、今度はそれを入力して検索すれば、目的の商品にたどり着けます。

先ほどの洋服のカテゴリーに行けば、Shirts（シャツ）、Coats, Jackets & Vests（コート類、ジャケット類）、Underwear（下着）、Jeans（ジーンズ）などというキーワードが並んでいるので、日常的にサイトを見ていれば自然と覚えるはずです。ＡＶ機器類は日本語も外来語がそのままというケースが多いですから、あまり迷わないでしょう。聞き慣れないのは、携帯電話は Cell Phone、電話の子機が Handset といったところでしょうか。

相手の立場に立てるかが成否を決める

ある程度買い物を繰り返して、状況に慣れてきたら、いよいよ商品の出品です。

eBayで出品を行う場合には、トップページの上にあるメニューから Sell を選択して販売のページに移動します。これまではPayPalのアカウントがあれば、eBayで買い物も販売も出来たのですが、eBayは2021年から順次、販売用の決済について「Payoneer」という新しいサービスへの移管を進めています。今後、新規にアカウントを作ってeBayで商品を販売する場合にはPayoneerのアカウントを作るよう指示されますので、販売に乗り出す場合には、サイト上の案内にしたがってPayoneerのアカウントも作成してください。

販売のページでは最初にカテゴリーの指定を求められますから、タブメニューの中から、出品する商品にもっとも合致しているカテゴリーを選択してください。そして、商品のタイトル、状態、詳細情報などを入力していきます。

eBayに限らず、ネット通販で商品を販売する際には、どのようなタイトルを付けるのかが成功のカギを握ります。これは日本でも外国でも同じことです。タイトルで工夫できない人は、ネット社会では稼げないと思ってください。

タイトルというのは、短い文字数の中で、それがどのような商品なのか端的に示す役割を果たします。

文字数に制限がある中で、自分が伝えたいことをどれだけ正確に伝えることができるのかというのは、ネット空間では極めて重要なことです。そして、この話はネット通販だけに限定されるものではなく、新しい時代において自身のキャリアを構築するにあたり、欠かすことの出来ないスキルとなります。

本書をお読みになっている方は、程度の違いこそあれ、今のまま漫然と仕事を続けていては豊かな生活は送れないという危機感を持っていると思います。実際、その通りで、今後は社会のＩＴ化が急速に進みますから、ビジネスのルールも激変する可能性が高いのです。

副業を開始するにせよ、新しい仕事を探すにせよ、これからはネットの活用が必須となるのは間違いありません。ネットという空間で自分をいかに上手に紹介できるかというのは、新しい時代におけるもっとも重要なスキルです。

これまでの時代であれば、とりあえず会って話をするというのが当たり前のプロセスでしたが、今後はそうした手続きは省略される傾向が強くなると思われます。ネット上には多くの情報が存在しているので、すべてのケースについて、会って話をしていてはキリがないからです。すでに新卒採用の世界ではそうなっていますが、大量の候補者をエントリーシートの段階でスクリーニングしてしまい、有望な人を絞ってから、実際に会って評価するという選考が行われています。

グローバル企業の中には、動画を使った自己プレゼンなどを提出させたり、Ｚｏｏｍなどのビデオ会議システムで面接を行い、実際に会うのは最後の最後というケースまで出てきているようです。

副業をする場合でも、これからの時代はネットでの営業は必須となるでしょう。ＳＮＳを使うにせよ、ＹｏｕＴｕｂｅを使うにせよ、自分は何者で、何ができるのかを端的に示せないと、お客さんは注文を出してくれません。

つまり、新しい時代においては、エントリーする最初の段階で相手の目にとまらなければ、その後のチャンスが消滅してしまうのです。求職という分野においては自己紹介文ということになるでしょうし、ネット通販であればタイトルや商品紹介ということになると思います。

ここで大事なのは、いかに相手の立場に立てるかということです。

自己紹介や商品紹介において、やたらと自分の思いを前面に出す人を見かけますが、ビジネスの世界では完全に逆効果です。

いくら自分の理屈をまくしたてても商品を買うのは相手であり、相手が欲しい情報がなければ、見向きもしてくれません。この話は、自分が商品を買う側、人を採用する側だったら、と考えれば分かるはずですが、多くの人がこの違いを認識することができず、「自分語り」ばかり繰り返してしまいます。

よく日本人は謙虚で控え目だと言われますが、果たして本当でしょうか。謙虚で控え目というのは、日本人による勝手な自己評価、つまり自分語りでしかない可能性が高いと筆者は考えています。

コロナ禍以前は、日本中の観光地が外国人観光客の獲得に躍起になっており、皆が「おもてなし」「おもてなし」と連呼していました。しかし、日本流の「おもてなし」は本当に相手のためになっているのかという点において、非常に怪しい部分があります。

日本の旅館は、原則として食事を選択することができず、しかも食事をする場所や時間もすべて旅館側から指定されることが多いです。また旅館の中には、夜間にチェックインできないところも少なくありません。しかし、海外から時差を超えてやってきたお客さんは、深夜に到着することもあるでしょうし、機内食などの関係で食事は後にしたいという要望もあるはずです。

実は、日本旅館の硬直的なサービスは海外の顧客からはあまり評判がよくありません。中には日本文化にどっぷりと耽溺したいという人もいるでしょうが、そのような人はごく少数派です。先ほどの繰り返しになりますが、これは自分が外国に行った時のことを考えれば分かるはずです。

時差で頭がスッキリせず、体調も完璧ではない状態で現地に着いたものの、宿泊施設では決まった時間に不慣れな現地式の食事しか提供されず、しかも部屋も現地式のみで、寝具まで現地式だったらどう感じるでしょうか。予約段階では面白いと思ったかもしれませんが、現地に到着した時にも同じ感覚を維持できている保証はありません。多くの日本人が、ラーメンやご飯、あるいはハンバーガーなど、いつも食べているものを食べてホッとしたいと思うのではないでしょうか。

日本人にとってはベッドも布団も両方、馴染みのあるものですが、多くの外国人はベッドしか経験がありません。人にもよりますが、畳と布団で寝ることは、日本人にとってハンモックで寝ることに近い感覚を持つかもしれません。

ここで一部の人は「そんなことはあり得ない」「日本の布団は快適なはずだ」と激高するのですが、筆者はこうした感覚こそが大きな問題だと思います。相手がいつも使っているものとは異なるものを提供する以上、人によってはそうした感想を持つ可能性があるということに思いが至らなければ、本当の意味での「おもてなし」はできないのです。

インバウンドを主導していた観光庁も、食事のシステムなどを改善するよう旅館業界に要請していたくらいです。自分は心を込めておもてなしをしているつもりでも、相手の立場に立てなければ、本当の意味でのおもてなしにはならないという現実について理解する必要があるでしょう。

商品紹介を通じてグローバルな感覚を身につける

少し話がそれましたが、相手の立場に立つということは、新しい時代におけるグローバル社会では必須の概念となります。そして、ネット通販におけるタイトルには、この問題がすべて凝縮されているのです。

例えばCDを売る場合には、アーティスト名、アルバム名が入っているのは当然ですが、日本限定版であればJapanese Edition、JPN LTD、など日本版であることを示す言葉を入れた方が親切です。相手がどのようなバージョンのCDを望んでいるのか、売る側は分かっていないからです（つまり、同じ曲が入っていればよいのかどうかは、事前には分からない）。

日本のネット通販では「激安」「激レア」など一方的な宣伝文句をタイトルに入れる人

も多いのですが、グローバル社会では、こうした押し売り的なやり方はほとんど通用しないと思ってください。激安かどうかを決めるのはあくまで買う側であって、売る側ではありません。あくまでも相手が欲しがっている情報を、コンパクトにどれだけ詰め込めるのかがカギを握ります。

特にネットの場合、検索で商品ページにやってくる人も多いですから、綺麗な文章になっている必要はまったくありません。買う側にとって有益な情報が単語として羅列されていた方がむしろ効果を発揮します。

タイトルを決めたら、次は、商品の状態（Condition）を選択します。

eBayでは、Brand New、Like New、Very Good、Good、Acceptableの5段階が設定されています。Brand New は文字通り新品で、Like New も新品同様とそのまま解釈して問題ありません。ただし、それ以下のカテゴリーについては、額面通りには解釈しない方がよいでしょう。

Very Good は「普通」、Good は「人によってはあまりよくない状態」、Acceptable は「よくない状態」という程度に考えておいた方がよいと思います。eBayでは商品カテゴリーごとに、Condition の基準が決まっていますから、出品する際にはそのページ（Item Condition Look-Up Table）を参照してください。

次は写真をアップロードしますが、これもタイトルと同じく極めて重要です。

読者の皆さんは、日常生活において、何気なくネット上の写真を見て物事を判断しているはずです。人によっては商品写真を見ただけで、「つまらなそう」「安っぽい」といってパスしているのではないでしょうか。あなたが出品している商品を買おうとしている顧客は、それとまったく同じ行動を取るはずですから、見栄えが悪い写真をアップロードしていると、相手は決して購入ボタンを押してくれません。

プロが撮ったような美しい写真を用意する必要はありませんが、暗くて、商品がよく分からないような写真は絶対にNGです。これも相手の立場に立つという感覚を持てるかどうかが成否を分けることになります。

写真をアップして、値段などその他の項目を入力すると、いよいよ出品です。内容を確認して、List item（出品）ボタンを押せば、商品がネット上に陳列されますから、後はお客さんの購入を待つだけです。

eBayの場合、海外に向けての販売が大前提ですから、配送も国内の郵便や宅配というわけにはいきません。グローバルに配送を行ってくれる事業者を選択する必要があります。

全世界にネットワークを持つ事業者としては、FedEX、DHLなどが有名ですが、海外への発送に慣れていない人には、こうしたグローバル・サービスを利用することは少し抵抗があるかもしれません。最初は日本郵便が提供している国際配送サービスを使うのがもっとも分かりやすいでしょう。

日本郵便が提供している国際配送サービスには、ＥＭＳ（国際スピード郵便）、国際ｅパケット、エコノミー航空（ＳＡＬ）便などがあります。

５００グラムの荷物を米国西海岸に発送する場合には、ＥＭＳの場合、料金は２０００円で、２～３日あれば到着します（この原稿を書いている２０２１年８月時点では、コロナ危機の影響でさらに４００円の特別追加料金が加算されています）。国際ｅパケットの場合には１６７０円で日数は８日間です。ＳＡＬ便は１３６０円で所要日数は２週間前後となっています。

ＥＭＳはもっとも早く到着するタイプですが、ＳＡＬ便になると価格が安い代わりに、貨物の空き便を待ってからの発送となりますので、場合によっては少し時間がかかります。

ｅＢａｙで中古品を出品する場合、それほど急がない購入者が多いですから、ＳＡＬ便を使ってもよいと思います。この場合、ｅＢａｙの出品画面における配送サービスの選択は、Economy international shippingとなります。国際ｅパケットを選択した場合にはStandard international shippingを、ＥＭＳを選択した場合にはExpedited international shippingを選択します（先ほどのＥＭＳ料金の件と同様、コロナ禍の影響で、国際物流が滞っています。場合によっては商品を出荷できない可能性もあるので十分に注意してください）。

ここでは日本郵便のサービスを紹介しましたが、本書のテーマのひとつである海外就職や海外移住ということを考えると、ＦｅｄＥＸやＤＨＬのサービスにも慣れておいた方がよいと思います。両社は、普通の人が訪れるほぼすべての国を網羅した配送サービスで、グローバルに生活する人にとっては欠かすことができないものです。海外に住むことがあれば、必ず利用することになるでしょう。

海外が相手の場合、いろいろと戸惑うこともあると思いますが、絶対に失敗してはいけないと考えてしまうと何も出来なくなります。ネット通販を通じた一連の経験は、脱日本を実現するための有益なトレーニングとなっているはずですから、ゲームだと思って取り組むくらいの感覚が丁度良いでしょう。

何が売れるのかを知る

ｅＢａｙではありとあらゆるものが出品されていますが、最終的な目的は日本の商品を出品して利益を上げることですから、先行者（つまりあなたのライバル）がどのような商品を販売しているのかについて知ることはとても重要です。

日本の商品であることをアピールするためには、商品説明のページにＪａｐａｎやＪａｐａｎｅｓｅの文字があった方が好都合でしょう。実際、日本の商品を出品している出品者の商品紹介ページにはかなりの割合でＪａｐａｎの文字があります。逆に言えば、ｅＢａｙ上でＪａｐａｎの文字を検索すれば、日本関係の商材を見つけられる可能性が高くなります。

では実際にｅＢａｙの検索窓を使ってＪａｐａｎあるいはＪａｐａｎｅｓｅで検索してみましょう。

検索結果には様々な商品が出てきますが、多いのは日本のアニメやフィギュア、漫画、音楽ＣＤ、切手などです。音楽ＣＤはいわゆるＪ-ｐｏｐのような邦楽もありますが、洋楽のＣＤも少なくありません。音楽の場合、日本版であっても内容はほぼ同じですから（一部、楽曲構成が違っているケースがあります）、この部分さえ明確に情報を開示していれば大きな問題は発生しません。

一般的なイメージとしては、着物や工芸品などいわゆる「和」を象徴するような商品が売れそうな気がしますが、商品数はあまり多くありません。世界が「和」を求めているというのは、日本人が一方的に作り上げたイメージだと思ってください。あくまでもビジネスですから、現実的なニーズを探ることが重要です。

数はそれほどでもありませんが、高額で売れる商品ということになると、カメラなどの光学機器が目立ちます。

スマホ全盛時代となり、一眼レフカメラは完全に趣味の世界に入っていますが、逆にそうであればこそ、マニアによる購買が期待できます。日本のカメラメーカーのブランド力は相当なものですから、中古のレンズでも状態が良ければかなりの値段で売ることが可能です。

どのような商品が売れているのかが分かってくると、やはり売れる商品を出品したくなるものですし、現実問題としてその方が大きな利益を得られます。しかしながら、身の回りにあるモノの中に、売れそうな商品があるとは限りません。ネット通販で十分な利益を上げるためには、売れそうな商品をネット通販で探して来て、利益分を上乗せした上で出品する必要も出てきます。つまり「商品の仕入れ」です。

ｅＢａｙなどで上手に商売をしている人は、ヤフオクやメルカリなど国内のサイトで商品を仕入れ、より高い値段で海外に売っています。ここまで来れば、完全にビジネスの領域に入ってきますし、コツをつかめば、大きな利益を上げることも可能となるでしょう。道のりは簡単ではありませんが、チャレンジしてみる価値はあると思います。

外国を意識することなく出品できる環境が整いつつある

これまで解説してきたように、海外に向けて通販を行うこと自体は、それほど難しいことではありませんが、継続的に利益を上げるためには、それなりの工夫と努力が必要となります。また、いくらITツールが発達しているといっても、英語などの面で大きなカベがあるのも事実です。

しかし最近では、アジアのECサイトと日本のECサイトとの連携が進んでおり、日本の通販サイトに出品するだけで、アジアに商品を販売できる環境が整いつつあります。

近年、中国市場が急拡大していることから、中国のネット通販で商品を売ろうと考える人が増えています。

中国には、「淘宝」（タオバオ）という個人が出品できる巨大なECサイトがありますが、中国のECサイトに出品するためには、中国国内の銀行口座が求められるケースがほとんどです。原則として中国の銀行口座を持つためには、中国で就労していることなどが要件となりますから、日本に住む私たちが、非居住者として口座を開設することは簡単ではありません。

一部では、中国国内の個人や法人が出店を代行するというサービスもあるようですが、これはトラブルの元になりますから、避けた方がよいでしょう。

では、日本から手軽に中国のECサイトに出品することはできないのかというと、そのようなことはありません。メルカリなどの国内EC事業者が中国企業と提携し、越境ECのサービスを始めていますから、こうしたサービスを利用すれば、簡単にアジア地域に商品を売ることができます。

メルカリは2021年3月、越境ECの分野でアリババグループと提携すると発表しました。これによってメルカリの出品者が、アリババが中国で運営する「淘宝」と「閑魚」で商品を販売できるようになりました。

同社は2019年に代理購入サービスを提供する「Buyee（バイイー）」と提携し、メルカリの商品を外国に販売する仕組みをすでに整えています。今回の中国向け販売も、Buyeeの代理購入プラットフォームを使って行われます。

メルカリに商品を出品すると、通常はメルカリ上で商品が閲覧できる状態になるわけですが、一部の商品は「淘宝」と「閑魚」のサイトでも表示されます。

アリババグループは中国において、個人向けネット通販サイトである「淘宝」「閑魚」「天猫」「AliExpress」などを運営しています。このうち「AliExpress」は主に海外の利用者を想定しており、それ以外は中国国内向けのサービスです。

「天猫」は基本的にBtoC（企業対個人）のサイトで、企業の出品者が個人向けに商品を販売しています。これに対して「淘宝」はCtoC（個人対個人）のサイトで、個人の出品者が個人に商品を売るサイトです。つまり「淘宝」は日本で言えば、ヤフオクに相当するサイトということになります。そして「閑魚」は「淘宝」から派生したサービスでいわゆるフリマアプリですから、日本で言えばメルカリにもっとも近いと考えてよいでしょう。

今回の提携によって、メルカリに出品された商品の一部は、中国の個人向けECサイトである「淘宝」「閑魚」で表示されますから、中国の消費者がその商品を購入することができます。中国の顧客から注文が入った場合、当該商品をBuyeeが代理で購入し、検品や梱包を実施した上で中国の顧客に発送します。

メルカリの出品者からすれば、国内の事業者に販売するのと同じ手続きなので、取引先が外国であることを意識する必要はありません。

中国ではすでに商取引の4割近くがEC化されており、コロナ禍で海外旅行がままならないことから、旺盛な消費欲がネット通販に向かっています。中国では11月11日は、「1」の数字が続くことから「独身の日（光棍節）」と呼ばれており、ネット通販各社が大々的なセールを行うことで知られています。

２０２０年はその規模が前代未聞のレベルまで拡大し、アリババグループ全体では、セール期間中で何と8兆円もの売上高を記録しました。ちなみに楽天の年間取扱高は４・５兆円なので、アリババは独身の日のセール期間中だけで楽天の約2年分を売り上げてしまった計算になります。

中国は近年、急速に豊かになっており、都市部の生活者は日本と同等かそれ以上の消費をしています。このため、中国のネット通販サイトに出品する日本の事業者は年々増加している状況です。メルカリとの提携によって、この動きが個人にも広がる可能性が出てきたといってよいでしょう。

東南アジア市場も一体化が進んでいる

国境を越えて商品をネット販売することを越境ＥＣと呼びますが、こうした越境ＥＣは、実は東南アジア全域に拡大しており、アジアではすでに巨大なＥＣ経済圏が構築されつつあります。

シンガポールを拠点として東南アジア全域に展開しているＥＣサイト「Lazada」は、東南アジアのアマゾンなどと呼ばれていましたが、２０１６年にアリババが１０００億円を投じて買収し、アリババとの一体化が進んでいます。Lazada はマレーシア、タイ、ベトナムなど6カ国でサイトを展開しています。

各国のサイトにおける基本的なデザインは同一で、言語が違うだけですから、仮に東南アジア内で転居しても、ほとんど同じ感覚でサイトを利用できます。当然のことながら、これは出品者にとっても同じことが言えます。国によって諸条件は違いますが、基本的なプラットフォームは統一されていますから、出品者はどの国のサイトでも同じ感覚で販売が可能です。

Lazadaと並んで東南アジアでは「Shopee」というECサイトも有名です。

Shopeeは Lazadaと同様、シンガポールを拠点とする企業で、東南アジア各国にECサイトを展開していますが、創業からわずか4年でLazadaを追い抜き、東南アジア最大のEC事業者に成長しました。

Shopeeには中国のネット企業大手であるテンセントが出資しており、アリババ＝Lazada連合と激しいシェア争いを展開しています。また、アリババと並ぶ中国のECサイトで同じくテンセントが出資するJD.comは、ベトナムのECサイト「Tiki」に出資しており、筆頭株主となりました。

中国の有力IT企業がこぞって東南アジアの大手ECサイトに出資しているという状況ですから、各国のECサイトは相互連携を進めています。つまり、中国と東南アジアはすでに一体経済圏を構築しつつある状況なのです。

ちなみにテンセントは、２０２１年3月に楽天と資本提携を行いました。具体的な協業内容はまだ分かりませんが、越境ＥＣのサービスを計画している可能性が極めて高いでしょう。また、メルカリは、先ほど取り上げたShopeeとも提携しており、台湾向けの越境販売も行っています。

日本の商品は東南アジアや中国でもよく売れますから、近いうちに、日本を含むアジアのＥＣ市場は完全に一体化し、外国であることを意識せずに商品を売り買いできるようになると思われます。そうなれば、言語のカベが取り払われますから、多くの人にとって出品のハードルが大きく下がると考えられます。

PART 3

本業の脱日本

ＰＡＲＴ2までは、日本にいながらにして海外に投資をする、あるいは海外に商品を売るという話が中心でしたから、活動の拠点はあくまでも日本ということになります。ＰＡＲＴ3では、もう一歩踏み込んで、外国企業や外資系企業に就職するなど、仕事の軸足を海外に移すことの是非について考えてみたいと思います。

アジアの賃金はすでに日本並み

かつて外国企業や外資系企業に就職するというのは、一流大学を卒業したエリートたちが選択するキャリアと思われてきました。今でも投資銀行や大手弁護士事務所、大手コンサルティングファームは似たような状況であり、採用されるのは、いわゆる超一流大学を卒業した学生ばかりです。海外の経営大学院でＭＢＡ（経営学修士）を取得したり、法科大学院（ロースクール）を出た人も少なくありません。

しかしながら、近年は状況が大きく変わっており、ごく普通の人でも外国企業に就職し、海外を軸足にキャリアを構築することが珍しくなくなっています。また就職先が日本企業であっても、当初から海外とのやり取りを前提に採用される人も増えてきました。

海外就職をめぐる状況が激変した最大の理由は世界経済の潮流の変化です。

昭和から平成にかけての時代、世界経済は、欧米を中心とした先進国と、それを追いかける新興国で完全に二分されていました。先進各国の生活水準は極めて高く、新興国との間には埋めがたい溝があったのです。

今と違って日本の経済力も高く、欧米先進国に近い生活を送ることができていました。年配の読者の方であれば、アジアに旅行に行くと、何もかもが安かったという記憶があると思います。

当時、アジアに駐在する日本の商社マンの生活は、現地の人から見れば大富豪そのものだったと思います。日本企業が社員を現地に駐在させる場合には、リスク管理などの理由から、住居はそれなりのエリアにある相応の物件が選択されます。しかしながら、日本と新興国の経済格差は極めて大きく、日本基準において少し高めの金額を出せば、アジアでは、プールとメイドさんが付いてくる大豪邸に住むことができたわけです。

ところが1990年代以降、社会のITが急ピッチで進んだことから、状況が大きく変わってきました。ITをうまく使いこなせば、巨大な橋や道路、鉄道などを建設しなくても、経済を成長させることができます。従来型社会とは異なり、巨額の設備投資が必要ありませんから、ITをうまく活用できた新興国は急激な経済成長を実現したのです。その結果、アジア地域を中心に、新興国の生活が急激に豊かになり、先進国と新興国の経済格差が一気に縮小するという状況になりました。

しかもこの間に、日本だけが世界から取り残され、経済成長がほぼゼロという期間が20年も続いてしまいました。その結果、日本と新興国の経済格差は、想像以上のペースで縮小し、日本人の生活はもはや特別に高い水準ではなくなってしまったのです。

各国の生活水準がどの程度なのかを知るためには、1人あたりのGDPを比較するのがもっとも手っ取り早い方法です。GDPの定義上、1人あたりのGDPの数値は、その国の平均賃金に近い値となるからです。各国の数値を比較する場合には統一の単位であるドルに換算する必要がありますが、単純なレートで比較すると、物価の水準が違うので適切ではないという批判が出てきます。その際には、物価水準なども考慮に入れた購買力平価を用いることで、より生活実感に近くなると考えてください。

2020年における日本の1人あたりのGDP（購買力平価によるドル換算）は4万2000ドルでしたが、米国は6万3000ドル、ドイツは5万4000ドルとなっており、米国やドイツで働けば、日本よりも豊かな暮らしをすることができます。米国やドイツは豊かな先進国ですから、先進国の地位から脱落しつつある日本と比べてより豊かであることは当然の結果といってよいでしょう。

では、アジア地域の新興国はどのような状況でしょうか。

アジアでもっとも豊かな国であるシンガポールは9万7000ドルと米国以上の水準があり、香港も6万ドルとかなり豊かです。一方、中国は1万7000ドル、インドネシアは1万2000ドル、韓国は4万5000ドル、マレーシアは2万7000ドル、台湾は5万6000ドル、タイは1万8000ドルです。韓国と台湾はすでに日本よりも豊かですが、中国、インドネシア、マレーシア、タイはまだまだ生活水準が低いように見えます。

確かにその通りであり、同じアジアといっても、香港やシンガポール、台湾といった豊かな国と、インドネシア、タイ、マレーシアでは状況が異なります。しかしながら、新しい時代において全体を平均した生活水準というのは、以前ほど、その国の状況を適切に反映しなくなっています。その理由は、社会のIT化によって、都市部と地方の格差が急激に拡大しているからです。

香港がもっとも分かりやすい例ですが、香港はある程度の自治が認められているとはいえ、中国の一部です。同じ中国でありながら、都市部である香港の賃金は極めて高く、日本をはるかに超えています。一方で、中国内陸部の農村地帯に行くと、まだ貧しいエリアがたくさんあります。

かつて工業が主力だった時代は、道路や鉄道の整備が経済の発展にとって重要でしたから、都市部と地方には格差があるとはいえ、均一に国土が発展していく傾向がありました。しかしIT時代は事情が異なります。人口が集約している都市部ほどシェアリング・エコノミーが発達しやすく、都市部は驚異的なペースで経済が発展していきます。一方、地方はそうした恩恵を受けることができず、都市部との差は開く一方です。国全体の統計は豊かな大都市と貧しい地方との平均値で計算されますから、必ずしも現実を反映しているとは言えません。

これはアジア地域でも同じことであり、統計で得られている数字は、大都市と地方を平均したものです。したがってインドネシアの中でも大都市であるジャカルタの賃金やタイのバンコクにおける賃金は、平均値の2倍近くの水準があると考えて差し支えありません。そうなってくると、大都市に限って言えば、日本との経済格差は限りなく縮小していると判断できます。

本書は各国の経済事情を分析することが目的ではなく、日本人が外国で働くことを前提にしています。仮に日本人がアジア地域で働く場合には、大都市圏になる可能性が圧倒的に高いですから、そうなってくると日本とそれほど変わらない賃金が得られることがお分かりいただけると思います。

特にＩＴ関係などグローバルに通用する職種の場合、国による賃金の差はさらに小さくなると考えてよいでしょう。

メンバーシップ型などという制度は諸外国には存在しない

冒頭でも解説したように、日本は今後、人口が急激に減少していきますから、長期的な衰退フェーズに入ると予想する専門家が増えています。現時点でも、新興国との賃金格差が縮小している状況ですから、今後、10年、20年というスパンでは、日本と諸外国の賃金は完全に逆転する可能性もあります。

しかしながら、海外に仕事を見つけるメリットは賃金だけではありません。今後のキャリア形成という観点からも重要度が増しているのです。

近年では多少、改革が進みましたが、日本では依然として新卒一括採用、年功序列、終身雇用の体系が一般的です。

こうしたいわゆる日本型企業では、若いうちは雑用的な仕事をこなし、一定の年齢になると能力の有無にかかわらず、多くの人が管理職に昇進します。しかしながら、こうした雇用体系は、経済のパイが継続的に拡大していた昭和の時代にしか成立しない仕組みです。実際、日本では終身雇用が維持出来なくなりつつあり、中高年社員を中心にリストラを迫られている状況です。ここで問題となるのが、日本人ビジネスパーソンの専門性です。

いわゆる日本型雇用の制度においては、専門性はほとんど重視されませんでした。むしろ、ゼネラリストとしていろいろな部署を経験した人の方が出世しやすい環境だったといってよいでしょう。人によっては日本は「就職」ではなく「就社」であると揶揄していますが、こうした環境で長年仕事をしてきた人は、外部でまったく通用しなくなってしまいます。

諸外国の企業では、専門分野がしっかり区分されていることが多く、自分は何をするために雇われているのかが明確になっています。仮に企業の業績が悪化して解雇されても、その仕事が存在している限り、別の企業で雇ってもらえますし、そこでも同じ仕事ができますから、大きなストレスはありません。

職種を明確に定め、仕事に対して賃金を支払うという制度は、日本ではジョブ型雇用と呼ばれており、これに対して、ゼネラリストとして就職するような制度のことをメンバーシップ型と呼んでいます。

しかしながら、この雇用制度の名称にはかなりの欺瞞《ぎまん》があると思って差し支えありません。その理由は、そもそも諸外国にはメンバーシップ型などという雇用制度は存在していないからです。

つまり、日本だけが諸外国から完全に隔絶された特殊な雇用制度を採用しているのですが、日本だけが特殊だと言うと一部の日本人が反発するので、メンバーシップ型という名前を付けただけの話です。現実には諸外国はほとんどいわゆるジョブ型が当たり前であり、日本だけが特殊であると思って間違いありません。

日本の制度が特殊でガラパゴスであっても、日本が順調に成長できていれば大きな問題は生じませんが、現実はまったく逆であり、日本型雇用制度は崩壊寸前となっています。これからキャリアを構築しようとする人にとって、日本の従来型雇用制度にどっぷり浸かってしまうことは大きなリスクとなってしまうのです。

幸いなことに、欧米であれアジアであれ、ほとんどの国が、日本で言うところのジョブ型雇用ですから、日本以外の企業で働くことができれば、キャリア構築にとって重要な専門性を早い段階から身につけることができます。

このように、若いうちから外国の企業で働くことには多くのメリットがあるわけですが、やはり気になるのは語学でしょう。

それほど英語が出来なくても問題ない

一昔前までは、外国企業あるいは外資系企業で働くためには、かなりの英語力が必要とされていました。その理由は、外資系企業のほとんどが欧米企業であり、社員や顧客のほとんどが英語圏の人たちだからです。

しかし、今の時代は状況が変わっており、外国企業で働くにあたって、必ずしもネイティブ並みの英語力は必要とされなくなっています。その理由は、先ほどから説明しているアジアの経済成長と密接に関係しています。

アジアを中心に新興国がめざましい経済成長を実現したことで、外国で仕事をする人や移住する人が増加し、アジアにはすでに多くの日本人が住んでいます。先ほど、商社マンなどいわゆるエリート社員の駐在の話を引き合いに出しましたが、今ではアジア地域に現地法人を持っていない日本企業の方が珍しいくらいですから、ごく普通のビジネスパーソンがたくさんアジアに住んでいます。タイや中国など日本からの進出が盛んな国や地域では、現地にかなり大規模な日本人コミュニティが出来上がっており、日本人を相手にしたビジネスも盛んです。

海外に住む日本人をターゲットにしたビジネスをしている企業であれば、社員に求める語学は英語ではなくむしろ日本語です。

最近は、日本の大学を出てからこうしたアジア企業に直接就職する人も増えているのですが、皆がネイティブ並みの英語を話せるわけではありません。もちろん、外国で働く以上、まったく英語ができないということではお話になりませんが、ある程度英語が理解できれば、日常業務の多くが日本語という職場は少なくないのです。こうした企業を狙うのであれば、外資といっても、それほど高度な英語力は必要とされないでしょう。

しかしながら、日本以外の場所に活路を見いだそうという場合には、やはりある程度、英語は出来るに越したことはありません。またアジア地域であれば、良い悪いは別にして中国が台頭するのは間違いありませんから、人によっては中国語を武器にしたいという人もいると思います。

若い人であれば、英語や中国語を学ぶと同時に、外国で働くキャリアを開拓するという点において、留学はかなりの近道となりそうです。

留学についても一昔前までは、米国やオーストラリアなどの英語圏が多かったのですが、最近では事情が大きく変わっています。一連の目的を達成するためにアジアに留学する若者が増えており、欧米圏に匹敵する勢いとなっています。特に最近、注目を集めているのは台湾への留学です。

最近、台湾留学が注目されている理由

かつて、海外留学先といえば米国やオーストラリアなどの英語圏が多いという特徴がありました。今でも絶対数としては英語圏が多く、２０１８年度における海外留学生のうち、米国に行った人は1万９８９１人とトップで、２位はオーストラリアで1万38人、３位はカナダで1万35人でした。

しかし米国やオーストラリアへの留学は絶対値としては大きい数字のままですが、増加率という点では、米国が１・９％、オーストラリアが１・６％とほとんど増えていません。一方で、中国、台湾、タイ、フィリピンへの留学は、それぞれ７９８０人、５９３２人、５４７９人、４５０２人ですが、増加率はいずれも10％から20％台と急増しています。アジア圏をすべて足し合わせると、絶対数でも米国を上回りますから、アジアはすでに日本人にとっての主な留学先になったと考えてよいでしょう。その中でも、特に目立つのが台湾への留学です。

日本国内の高校の中には、台湾の大学と提携するところが増えており、群馬県内のある高校では、２０１９年度に卒業した生徒のうち24名が台湾の大学に入学したそうです。宮城県でも県内の５校が台湾の私立大学５校と協定を結んでおり、今後、台湾に留学する人

は増加すると予想されています。

台湾が日本人の留学先として人気を集めている理由は主に3つあります。ひとつは学費の問題です。

台湾は政府が国策として教育に力を入れており、大学の学費は日本（私立大学）の3分の1程度で済みます。日本もかつては国立大学はタダ同然の学費でしたが、近年は学費の値上げが相次いでおり、私立大学と大差がないくらいまで高騰しています。政府は大学の無償化など教育支援策を立案しましたが、年収要件などが厳しく、よほどの低所得でなければ一連の支援策を受けることはできません。

特に地方出身の高校生にとって、東京で生活するのも台湾で生活するのもコスト的にはあまり変わりません。そうなってくると、圧倒的に学費が安い台湾に留学すればむしろ安上がりになる可能性が高いのです。

2つめは語学です。台湾に留学すれば、英語と中国語という世界の標準言語を同時に学ぶことができます。

台湾では地域によっては台湾語が話されるケースがありますが、学校教育やビジネスでは基本的に北京語が使用されています。文字については、中国大陸で使われている「簡体字」ではなく「繁体字」が使われていますが、繁体字は日本の旧漢字に近いスタイルですから、日本人にとってはむしろ取り組みやすいかもしれません。大学の授業についても、文字は繁体字で会話は北京語となっています。繁体字を学んだ人が簡体字に移行するのは、それほど難しいことではありませんから、台湾で学べば、台湾でも中国大陸でも通用することになります。

加えて、台湾の大学では英語で授業を行うケースも多く、中国語にプラスして英語の語学力も身に付きます。主に留学生向けの英語での授業と北京語での授業を、選択できるようになっている大学も多いようです。いずれにせよ、英語と中国語という次世代において武器となる言語を同時に学べるのはメリットが大きいでしょう。

3つめは安全性です。

よく知られているように、台湾は新型コロナウイルスの感染拡大に迅速に対処し、感染を低い水準に抑えることに成功しました。小規模なクラスターが発生した一時期を除き、新規感染者数は極めて少人数でしたから、留学する人にとっては相当な安心材料となっています。

台湾は半導体産業やコンピュータ産業が活発で、ITの活用にも力を入れています。コロナ対策では、トランスジェンダーとしても有名なオードリー・タンIT担当大臣がマスクの在庫が分かるアプリをあっという間に開発するなど、IT活用のお手本として全世界から注目を集めました。

日本はかつて技術大国などと呼ばれた時代がありましたが、今では完全に遅れた国になっており、コロナ対策アプリのＣＯＣＯＡをうまく開発することができず、長期間、動作できない状態で放置されていました。企業や官庁のＩＴ化も進んでいませんから、台湾で学んだ方がＩＴのスキルも身に付く可能性が高いでしょう。

日本人は教育格差をむしろ是認している

近年、アジア経済の成長が著しい状況ですから、アジア地域への留学が増えること自体は自然な流れです。しかしながら、台湾への留学が人気となっている大きな理由のひとつが学費であるというのは、日本にとっては少しばかりショッキングな出来事だと思います。

日本という国は資源に恵まれておらず、人材を育成する以外に国を発展させる方法がありません。教育こそが国を発展させる原動力であるというのは、明治の近代化以降、全国民に共通する価値観だったといってよいでしょう。

実際、政府は相応の予算を組んで全国に国立大学を設立し、安価な学費で大学教育を受けられる体制を整備してきました。ところが、近年の日本はこうした流れに完全に逆行しつつあります。

先ほど、国立大学の学費が上がっているという話をしましたが、昭和50年くらいまでは、国立大学の授業料は極めて安く、私立大学の平均授業料との比較で5分の1以下でした。授業料免除の制度もありましたから、低所得世帯の子どもは、ほぼ無償で大学に通うことが可能だったといってよいでしょう。

もともと国立大学は、貧富の差に関係なく人材を養成する目的で設置された教育機関ですから、学生から高額の授業料を徴収するという発想はありませんでした。しかし平成に入ってからはほぼ2年に1度のペースで値上げが行われており、私立大学との差はかなり縮小しています。しかも政府は、国立大学の学費を原則自由化する方針で議論を進めており、もし自由化が行われれば、大幅な値上げが実施されるのはほぼ間違いありません。

日本では教育支援を削減する流れになっているわけですが、諸外国との比較という意味では完全に逆行しています。欧州はもともと教育に力を入れる国が多く、大学の学費は無料というところも少なくありません。米国は厳しい競争社会であり、学費も高いですが、一方で無数の奨学金があり、これらをうまく活用すれば低コストで大学に行くことも可能です。アジア各国は、台湾のように教育に対して政府がかなりの支援を行っており、大学教育の機会は拡大しています。

日本だけが教育支援策を削減しているのは、財政が逼迫しているという事情もあるのですが、もっとも大きいのは世論です。近年は政府が教育支援をすることに否定的な国民が増えているのです。

2018年にベネッセ教育総合研究所と朝日新聞社が共同で行った調査によると、教育格差の存在について（所得の多い家庭の子どもの方がよりよい教育を受けられるという傾向についてどう思うかという設問）、62・3％の人が「当然だ」「やむをえない」と回答していました。過去のデータと比較すると、2004年には格差を是認する人は46・4％しかいませんでしたが、2013年には59・1％に増加し、2018年にはとうとう60％を上回りました。近年になってこうした傾向が顕著になったと解釈してよいでしょう。

さらに注目すべきなのは所得水準との関係です。

経済的にゆとりがあると回答した人で、格差を是認している人は72・4％に達しており、経済的にゆとりがあると自覚している人の大半が、格差はあって当然と考えていることが明らかとなったのです。

これはかなり憂慮すべき事態であると筆者は考えます。

教育環境についての意見は様々かもしれませんが、一般的に、教育機会に恵まれ、社会的、経済的に成功できた人は、環境に恵まれずチャレンジできなかった人を支援したいと考える傾向が強くなるものです。ところが近年の日本では、逆に考える人が増えているのです。

先ほども説明したように、日本では教育の機会均等こそが経済の原動力というのが国民的コンセンサスでした。可能な限り機会の平等は保障されるべきという考え方に異論を唱える人は、ほぼ皆無だったといってよいでしょう。

ところが近年、こうした価値観は音を立てて崩れているようです。

２０１９年に萩生田文部科学相が、大学入学共通テストにおける英語民間試験導入に関して、（所得が低い家庭の子どもが不利になるという指摘に対して）「身の丈に合わせて勝負を」と発言したことが問題視されるという出来事がありました。２０１８年には麻生財務相が、国立大学出身の市長に対して「人の税金を使って学校へ行った」と暴言を吐いたこともあります。

一連の発言に対する批判は、言葉尻を捉えたものに過ぎないとの指摘もありますが、少なくとも両氏が、教育の機会平等について重視していないことは明らかです。

ちなみに、萩生田氏は明治大学、麻生氏は学習院大学ですから私立大学の出身者です。両氏にとって、貧しい人が大学に行けないのは当然のことのようですが、政治家というのは国民の意見を反映する存在でもあります。過去15年間で、格差を是認する国民の比率が高まっており、特に２０１３年以降、その比率が高まっているという現実を考えると、一連の発言もうなずける話です。

教育を受けて成功したにもかかわらず、これからチャレンジする人を支援しようとは考えず、むしろ教育の格差を肯定する人が増えているのは、日本経済の貧困化と無関係ではないでしょう。

先ほどの調査では、格差を当然視する人が２０１０年代から急増していました。ＯＥＣＤによると日本人の平均賃金は２００４年では35カ国中19位でしたが、２００８年には21位と順位を落とし、２０１８年には24位にまで下落しています。日本はここ10年で急激に貧しくなっており、それと同じタイミングで、格差を肯定する人が増えていることになります。

相対的に豊かであっても、国全体が貧しくなれば不安心理が大きくなります。結果的に自分が得たものは何としても他人に渡したくないという心理が働き、これが格差についての価値観に反映された可能性が否定できません。

筆者は地方出身ですし、父親が国家公務員という家庭でしたから、ごく平均的な経済水準で育ちましたが、小学校から大学まですべて国公立でお世話になりました。外国に目を向けようという本を書いている立場からすると少々、矛盾するのですが、母国に充実した教育環境があるならば、そこで教育を受けるのがベストであることは言うまでもありません。
しかし現実の日本はまったく逆の方向に向かっており、恵まれた人でなければ充実した教育が受けられなくなりつつあります。海外での教育機会を探ることは、これからの日本人にとって重要なテーマとなるでしょう。

米国に留学しても米国では就職できない？

かつては、海外の大学に留学してしまうと逆に就職の幅を狭めてしまうというデメリットがありましたが、最近はこうした問題もかなり解消されつつあります。留学する地域にもよりますが、海外の大学を出ている方が、就職の幅が広がるのは間違いないと思います。もっともシンプルなのは、海外の大学を出て、海外と取引のある日本企業に就職するという方法です。

日本で働くという点では従来と大きくは変わりませんが、これから伸びる市場を専門分野に出来るわけですから、将来性が大きく違います。また、日本ではいわゆる日本型雇用がまだまだ主流となっており、ゼネラリストが求められていますが、海外部門だけは別扱いという企業は少なくありません。海外部門での業務を前提に採用された社員は、新卒であってもスペシャリストになりやすいという特徴があります。かつての日本企業では、海外部門出身の人は出世しにくいと言われましたが、今となっては海外部門なしに業績の維持は不可能ですから、海外部門出身者が高い役職に就くことも珍しくなくなっています。

加えて言うと、これからの時代は、複数の企業を渡り歩くことが標準的となる可能性が高いですし、年金財政の問題から、生涯労働も当たり前となるでしょう。

こうした新時代においては、新卒で入った会社に定年まで在籍するという人は少数派になってくるはずです。海外の大学を出ていれば、若いうちから専門性が身に付き、スペシャリストとして処遇されますから、キャリア構築という点ではむしろ有利に働くと考えてよいでしょう。

海外と取引のある日本企業にスペシャリストとして入社できれば、海外の富を自身の給料に反映させることができますから、擬似的な海外就職と捉えることができます。しかしながら、直接海外の企業に就職し、最初から外国でキャリアを築きたいと考える人もいると思います。

その場合には、留学している間に、海外企業による求人がどの程度あるのかを調べ、ケースバイケースでチャレンジしていくことになりますが、求人の状況は地域によって大きく異なると考えてください。

日本人の留学先としては、米国やオーストラリアが人数的には多くなっていますが、これらの国では留学生が現地就職することは至難の業と言われています。したがって海外で直接就職することを考えている人は、米国やオーストラリアへの留学には慎重になった方がよいでしょう。

例えば米国では、各大学が戦略的に留学生を受け入れていますから、留学の環境はかなり整っています。しかしながら留学生はあくまで留学生なので、米国で学んだ後は、本国に帰ることが大前提となっています。就職活動においても米国籍の学生とは扱いがまったく異なると考えてください（一部の極めて優秀な学生や研究者などは別枠となります）。

現実問題として、日本から米国に留学し、米国企業に一般的な米国人と同じ条件で就職できる人は極めて希です。米国の企業からすると、日本から留学してきた学生は、英語ができる日本人という位置付けですから、日本にある米国企業の現地法人が採用する人材とみなされます。

したがって、米国に留学したとしても、日本人の場合、就職先は米国企業の日本法人となるケースがほとんどです。このパターンでも、日本以外の企業に就職しているという点では同じですが、最大のデメリットは、自身のキャリアが日本経済から直接影響を受けてしまうことです。つまり、日本企業に就職することと何も変わらなくなってしまうのです。

当たり前のことですが、米国企業の日本法人は日本市場への進出を目的に設立されています。日本でビジネスを行うにあたって日本人を採用した方がビジネスを進めやすいのは当然のことですが、本国からの指示はすべて英語ですし、社内のルールもすべて米国流となります。こうした事情から、米国の大学に留学し、米国の事情をよく知っている日本人が人材として求められるわけです。

しかしながら、本国から見れば日本はあくまで海外事業として開拓した市場ですから、市場が縮小する状況になれば撤退する可能性が高くなります。実際、日本経済に元気があった20年前までは、多くの米国企業が日本市場に進出し、留学経験のある日本人を多数採用していました。しかし、日本経済の相対的な縮小が続いていることから、米国企業は次々と日本市場から撤退している状況です。

ここで困った状況に陥ってしまうのが、日本法人の人材として採用された日本人社員たちです。彼らはあくまで日本法人で採用する人材ですから、一部の優秀な社員を除いて、日本市場からの撤退に伴って米国のオフィスに異動するという選択肢は存在していません。

かつては、多くの米国系企業が日本で活動していましたから、自分が勤務する企業が撤退しても、別の米国系企業で働くことができましたが、今では数少ない日本法人の採用枠をめぐって激しい競争となっています。明確な統計は存在しませんが、多くの人材が結局、日本企業への転職を余儀なくされた可能性が高いと思われます。

アジアの方が現地就職しやすい

いくら海外の大学を出ていても、日本経済と直接リンクする形でキャリアを構築してしまうと、国内就職との違いはなくなってしまいます。本書のテーマである日本脱出を実現するためには、こうした形でのキャリア形成は避けなければなりません。

その点においては、人材採用の方針が明確になっている欧米系の企業よりも、アジア系企業の方が就職しやすいかもしれません。

成長市場であるアジアには、多くの日本企業が進出しています。

本書でも何度か言及しましたが、かつての日本企業のアジア進出は大手商社など一部の企業に限定されていました。しかし今では、中小企業も含めて多くの企業がアジアに拠点を構えており、それに伴ってアジアで生活する日本人も増えています。

外務省の統計によると、2019年時点においてアジア地域で生活する日本人は、中国が約12万人、タイが7万9000人、韓国が4万6000人、シンガポールが3万7000人、マレーシアが2万7000人、台湾が2万6000人、ベトナムが2万3000人、インドネシアが2万人、フィリピンが1万8000人となっています。合計すると40万人近くの日本人がアジアで生活していることになります。

以前の日本企業は、日本人社員をアジアのオフィスに出向させるケースが圧倒的に多かったのですが、最近は現地でビジネスをする担当者は現地で採用する傾向が強くなっています。そうなってくると、日本語ができる日本人で、現地に留学していた人材が強く求められることになります。

アジア地域に留学した人でそのまま海外就職している人の多くは、まずはこうした日系企業の現地法人でキャリアを積むケースが多いようです。

しかしながら日系企業とはいえ、あくまでも現地法人であり、採用はいわゆる日本型ではありません。専門性を生かした就職ということになりますから、そこで実績を上げれば、次は別の外資系企業への転職や現地企業への転職という道も開けてくるでしょう。

ちなみに中国に拠点を構える日系企業の数は3万2000社と突出して多く、タイは4000社、インドネシアは1900社、ベトナムは1800社となっています。アジアに多数の日系企業が進出し、多くの日本人が働いているということは、日本人向けのサービス市場も拡大していることを意味しています。現地の企業で日本人向けの各種サービスを提供するところも増えていますから、こうした企業は当然のことながら日本語ができる人材を必要とします。

こうした日系企業の数は今後、さらに増えると思われますから、長期にわたって人材ニーズも増え続けることになるでしょう。留学をきっかけに海外への就職を考えている人は、やはりアジアに目を向けた方が得策と思われます。

意外と重要な日本での学歴と職歴

これまでは一旦海外に留学し、現地就職することを前提に話を進めてきましたが、海外企業への就職は留学だけが唯一の方法ではありません。国内の学校を卒業してアジアの企業に入る人も増えていますし、一旦国内企業でキャリアを積んでから、海外の企業に転職することも珍しくなくなりました。

しかしながら、日本国内における新卒一括採用とは異なり、海外での就職は、全員が同じ土俵で競争するわけではなく、明確なマニュアルというものは存在していません。結局のところ、自分自身ですべてを開拓する必要がありますから、その点については、それなりの覚悟が必要でしょう。

では、こうした海外就職を成功させる秘訣はどこにあるのでしょうか。意外に思うかもしれませんが、それは日本における「学歴」と「職歴」です。

ただ、ここで言うところの学歴や職歴というのは、偏差値がいくつの学校を出たのか、著名企業なのかという話ではありません。就職経験がない人の場合には、日本あるいは海外の大学で何を学んだのか、就職経験がある人は、以前の職場でどのような専門性を身につけたのかという点が極めて重要なのです。

日本は減点主義社会と言われており、過去の経歴ばかりネチネチと評価されるという印象を持っている人が多いかもしれません。一方でグローバル社会は実力主義で、いくらでもチャンスを生かせるというイメージがあると思います。

日本が減点主義でチャンスに乏しい国であるというのはその通りなのですが、日本人が考えているほど、グローバル社会が将来性を高く評価してくれるわけではありません。グローバル社会は確かに実力主義ですが、その実力を見極める方法は過去の実績しかありません。過去にしっかりとした実績を上げている人には大きなチャンスが与えられますが、目立った実績がない人は実力がないとみなされてしまい、チャンスすら与えられないこともしばしばです。

企業によって差はあると思いますが、外国企業の方が、採用を検討している人材の過去の履歴に敏感だと思って間違いないでしょう。

就職経験がない人の場合には、当然ですが学歴がすべてとなります。

専攻科目を選んだ理由や、そこで具体的に何を学び、どのような専門知識を身につけたのかについて明確に説明できなければ、先方によい印象を与えることはできません。職業経験がある人は、なぜその会社に入ったのか、転職している場合にはなぜ転職をしたのか、それぞれの職場でどのような実績を上げたのかについて説明する必要があります。

日本では、新卒採用において「何も分かりませんが、とにかく頑張ります」といったアピールが功を奏することがありますが、こうした手法はほとんど通用しないと思ってください。また、他人から見て脈絡がないと思われる経歴も確実に不利になると考えてよいでしょう。

もし客観的に見て、自身の経歴がハッキリしないという場合には、しっかりとしたストーリーを組み立てた上で、意味のあるキャリアであることを説明しなければなりません。つまり華麗な経歴が必要なのではなく、相手を納得させる説明能力が求められるということであり、それがグローバル社会では「実力」ということになるのです。

ビジネスの世界では、自身の実績のことをトラックレコードと呼ぶことがありますが、グローバルな就職活動においては、自身のトラックレコードをいかに的確に説明できるのかがカギを握ります。

日本では自身の学歴や職歴についてうやむやにしか説明しない人をよく見かけますが、これは日本でしか通用しない態度です。

日本はある意味でムラ社会ですから、所属するコミュニティがはっきりしていて、あえて他人に自分自身を説明する必要がありません。しかしながらグローバル社会では、関係する人全員が赤の他人であることが大前提となりますから、自身が何者なのか明確に説明できない人は、相手と信頼関係を構築することは不可能です。語学ができても、こうしたグローバルな振る舞いが身に付かず、失敗する人が後を絶ちません。脱日本を実現するためには、こうした日本的価値観からの転換を図ることが極めて重要となるのです。

PART

4

場所の脱日本

ＰＡＲＴ３では、海外企業で勤務するという部分に絞って解説しました。海外企業における日本の拠点で働いたり、完全にリモートで済む仕事の場合には、住む場所を日本から移す必要はありません。しかしながら、海外の現地オフィスに勤務する場合には、必然的に移住が伴います。

あまりお勧めはしませんが、とにかく移住を実現したいという人もいるでしょうし、ある程度の資産を持っている人は海外でセミリタイアしたいというニーズもあると思います。ＰＡＲＴ４では、就職という部分に限定せず、海外に住むという視点で話を進めていきたいと思います。

カギを握るビザ取得

実はＰＡＲＴ３の部分ではあえて触れないでいたのですが、海外移住するにあたって極めて大きな問題として立ちはだかるのがビザ（査証）の取得です。

本書を読んでいる方の中には、何でもよいから、とにかく海外移住したいという人もいると思います。そのような人には申し訳ないのですが、実は海外移住は簡単なことではありません。テレビのバラエティ番組では、ごく当たり前のように「ハワイに移住しました」といった話が取り上げられているのですが、話半分に聞いておいた方がよいでしょう。海外移住が簡単にはいかない最大の理由は、滞在を許可するビザを各国政府は簡単に発給しないからです。

日本を含む世界各国は、自国民以外の人が自由にその国で働いたり、居住したりすることを厳しく制限しています。一連の制限を取り払い、自由に国を行き来できるようにしてしまうと、国家として収拾が付かなくなるからです。

外国人がある国を訪れることを許可する書類のことを査証（ビザ）と呼びます。さらに、その国に一定期間滞在することができる資格のことを在留資格と呼んでいます。厳密には両者は別々ですが、一般的には入国許可と在留資格のことをセットにしてビザと呼んでいます（本書でも基本的にそのような記述にしています）。

私たちが海外旅行に行く時には、本来なら、観光目的でその国に入国することを許可する、いわゆる「観光ビザ」を取得する必要があります。一部の国は事前に観光ビザを申請する必要がありますが、多くの人が旅行に行く米国や中国は、短期間（米国では90日、中国では15日）であれば、日本政府との取り決めによってビザが不要となっています。日本は190以上の国とビザなし渡航の取り決めを行っており、こうした国々には短期間の観光であれば、パスポートさえあれば入国できます（この原稿を書いている2021年8月時点では、新型コロナウイルス対策のため一部の国のビザなし渡航が制限されています）。

しかしながら、ビザなし渡航、あるいは観光ビザによる渡航は、あくまで観光目的での入国を認めるものにすぎませんから、長期間滞在したり、現地で仕事をすることは禁止されています。仮にこのルールを破った場合には、不法滞在となりますから、場合によっては身柄を拘束されたり、強制送還されたりすることになります。

つまり外国に移住するためには、現地に滞在するビザが必要となるわけですが、実はこのビザの取得が極めて難しく、これが海外移住のハードルを極めて高いものにしているのです。

ビザの種類はその国によってバラバラであり、ひとまとめにして説明できるものではありません。しかしながら、名称や細かいルールは違っても、大きな区分としては以下の5種類に大別することができます。

①就労ビザ
②商用／事業ビザ
③就学ビザ
④リタイアメントビザ
⑤永住権

就労ビザや商用ビザは、その国で労働者として働いたり、ビジネスをしたりすることを許可する資格です。この資格がなければ、基本的に外国で働くことはできません。一方、就学ビザはあくまで留学を目的としたものですから、学生だけに与えられます。したがって就学ビザで働くことは違法になるケースがほとんどです（アルバイト程度などは上限を設けた上で許可されているケースもあります）。

就学ビザについては、入学する学校が決まっていれば、比較的スムーズに発給されますが、就労ビザや商用ビザの発給は簡単ではありません。

真正面からある国に就労ビザを取得したいと申請しても、「入社する会社が決まっていなければ発給できない」といって即座に却下されてしまうでしょう。では、企業の求人に応募すればよいのかというと、そうもいきません。求人広告を見ると、応募者の条件に

「在留資格を取得していること」という項目が入っていることが多いのです。

政府に問い合わせると企業に行けと言われ、企業に行くとビザを取得するために政府に行け、と言われてしまうわけですが、これが海外移住の偽らざる現実です。

では、この堂々巡りをどう解決すればよいのかというと、企業が外国人の採用を決定し、その企業が就労ビザの取得を支援するというパターンがもっとも早道です。つまり、企業にとってどうしても採用したいという人材でなければ、ビザの取得は簡単にはいかないのです。

PART3では、海外の現地法人に就職するというケースを取り上げましたが、この場合には、採用する現地企業がもっとも適切なビザを取得できるよう支援してくれます。逆に言うと、採用する企業のサポートなしにビザを取得するのはかなり難しいと思ってください。

中には、ちょっとした縁で外国企業の社員と知り合い、意気投合してそのまま入社したいということになり、ダメ元でビザを申請したら許可されたというケースもありますから、一概には言えません。しかしながら、一般論としては就労ビザを取得するのはかなり難しく、運が良ければ簡単に取れることもある、というぐらいに考えておいた方がよいでしょう。

国によって細かい種類は異なりますが、商用ビザの中には、いわゆる事業主や起業家を対象としたものもあります。その場合は、誰かに雇われるわけではありませんから、どのような事業を行うのかという計画書を提出することで事業ビザを取得できるケースもあります。

一定の資産を持っている人を除くと、外国に住むためには、何かの仕事を見つけなければなりません。自分で事業を行っている人は事業関係のビザの中から、会社に雇用されることを前提にしている人（いわゆるサラリーマン）は就労関係のビザから最適な種類を探す必要があります。

ビザの種類は国によって様々ですし、取得の難易度も同じく様々です。また制度はコロコロと変わりますから、5年前のルールはすでに適用されなくなっている、ということもしばしばです。少し乱暴な言い方になりますが、海外で働くことを考えた場合、多少、場当たり的な対処も必要となってきます。その意味では、ガチガチに物事を考えてしまう人は、海外で仕事を探すのは難しいかもしれません。

観光ビザや就学ビザで仕事はできない

就労ビザの取得が難しいことはお分かりいただけたと思いますが、その割には多くの人が「海外に移住した」という話を公言しています。芸能人でもネタのひとつとして海外移住を前面に出している人がいますし、SNSなどを見ても移住の話は無数にあります。

海外移住を考えている人は、すでに移住を実現している人の話を参考にすると思いますが、その際には、ビザについてどのように説明しているのかを必ずチェックしてください。ビザの取得について、具体的に記述している人の話であれば信用してもよいと思いますが、ビザについての言及が一切ない人の情報は鵜呑みにしない方がよいでしょう。その理由は、少し言いにくいことですが、中には合法ではなかったり、違法とまではいかなくても、少々イレギュラーな方法を使って滞在していたりする人が、少なからず存在しているからです。

正式な統計がないので分かりませんが、一部の海外移住者はビザを取得せず、観光ビザの資格（あるいはビザなし渡航）で現地に滞在していると思われます。こうした人たちは、一定期間が経過すると違法滞在となってしまいますから、有効期限が切れる直前に一旦出国し、すぐに帰国するという措置を繰り返すことで期間の問題をクリアしていると思われます。

ブログなどでは、そうしたやり方を紹介している人もいるのですが、これはかなり危険ですから、やめた方がよいでしょう。

観光ビザで入国し、一時的な出国と再入国を繰り返している場合、不法就労ではないかとの疑いをかけられる可能性が高くなります。実際、不法就労者の中には、観光ビザでの短期的な出入国を繰り返す人が多く、このやり方はある意味で不法就労の典型的な手口となっています。仮に不法就労とみなされれば、犯罪者ということになりますから、身柄が拘束され、日本に強制送還されてしまいます。国によってルールは異なりますが、一度不法就労で処罰された場合、その国には一定期間入国できないといったペナルティが科されることがほとんどです。

不当に長期滞在するもうひとつの方法は就学ビザの悪用です。

日本にも留学目的と称して来日したものの、現実には飲食店などで働いている外国人労働者がいますが、この方法も万国共通です。

外国に長期滞在している人の中には、何度も学校に入学し直して、就学ビザを更新している人もいるようです。その国のルールの範囲内で、本当に学校に通っているのであれば問題ありませんが、ほとんどの場合、就学ビザで就労は不可ですから、仕事をすれば不法滞在となってしまいます。

外国暮らしに関する話題はよく見聞きするのですが、どういうわけか、肝心のビザの話題についてはスルーする人が多いというのが現実です。本当に外国に長期滞在している人は、多かれ少なかれ、ビザの取得でかなりの苦労をしているはずですから、本来ならその話題が出てこないはずがありません。ビザの話が出てこないことには何らかの理由がある可能性が高いと思われますから、そのような人の話はあまり参考にしない方がよいと筆者は考えます。逆に言えば、ビザの話を積極的に開示している人の話は大いに参考になるでしょう。

フランス・パリでの生活が長い作家の辻仁成氏は、ビザの問題で苦労したことをエッセーなどで詳しく紹介してくれています。

辻氏は、15年以上もパリに住んでいますが、ビザの取得はかなり大変だったそうです。同氏は、映画監督や小説家が所属するフランスの職能団体に入ることで自身の芸術活動の実績をアピールし、ようやく10年間ごとに更新できる居住者カードを手にしました。こうした情報は実際にビザ取得に取り組んだ人でなければ分からないものですから、非常に貴重であり、かつ価値があります。

もっとも、ビザ取得が難しいという問題もあくまで一般論であって、国によって状況が大きく異なるのも事実です。

かつては旧ソ連の一部で、ロシアとトルコの間に位置するジョージア（以前はグルジアという国名だった）は、在留要件が極めて緩い国として知られています。

日本人であればジョージアにはビザなしで1年間も滞在することができます。しかも、1年の期間内であれば、国内で就業することも可能となっており、事実上の就業ビザでもあります。

ここまで緩い要件しかない国は、国際的に見ても珍しく、破格の条件と考えてよいでしょう。また、公式の見解ではありませんが、短期間の出国ですぐにジョージアに戻っても、不法滞在とは見なされないという不文律もあったようで、事実上、半永住が可能であると解釈する人も少なくありませんでした。

日本でも、各地を渡り歩きながらネットで仕事をする、いわゆるノマドワーカーを中心に、ジョージアへの移住がちょっとしたブームになったことがあります。

ジョージア国内に多くの雇用があるとは思えませんが、日本を含めて別の場所で働いてお金をため、しばらくは何もしないで滞在する、あるいはネットビジネスなど場所に関係ない仕事に従事している人であれば、本格的な滞在先にすることも不可能ではないでしょう（場所柄、地政学的なリスクがありますので、同国が本格的な移住に適するのかは別問題ですから、この点には注意してください）。

移住者にとってはまさに楽園だったジョージアですが、コロナ禍で少し滞在の条件が変わったようです。同国は日本を含む95カ国を対象に、リモートワークビザという新しい制度を導入しました。これはリモートワークをしながらジョージアに滞在する人を想定したもので、やはり期限は1年になります。

事前に申請すれば、1年間滞在して仕事もできるという内容ですから、従来とは大きく変わりませんが、場合によっては、今後、条件が厳しくなる可能性も否定できません。

実は学歴がとても重要

結局のところビザ取得のルールは国ごとに違いますし、経済状況によっても変わりますから、都度、新しい情報を仕入れてチャレンジするより他はないのですが、ビザの取得に際して意外と重要なポイントとなるのが学歴です。

就労ビザの取得にあたって、大卒以上という一定以上の学歴を課す国は少なくありません。最近移住先として人気のシンガポールには、大きく分けて2種類の就労ビザがありますが、ひとつは専門学校卒程度の学歴を必要としており、もうひとつは十分な学歴（大卒以上）が要件となっています。

シンガポールは、賃金の安い重労働については、基本的に外国人労働者に割り当てることを国策としています（この政策は国際社会から批判されています）。したがって同国の場合、学歴要件が低いビザの方が取得しやすいのですが、専門性が高い仕事を想定したビザではありませんから、低賃金の仕事でなければ対象にならないケースがほとんどです。

さらに言うと、制度上は大卒以上となっている就労ビザについても、現実に発給が許可されるかどうかは、どの大学なのかに大きく左右されるといわれています。同国は日本の大学についても明確にランク付けしており、結論から言うと旧帝国大学クラスの国立大学か、超有名私立大学であることが求められているようです。

せっかく日本という枠組みから離れるために海外移住を希望しているにもかかわらず、どの大学を出たのかという日本での学歴が問われてしまうのは、何とも皮肉ですが、これが現実です。

ニュージーランドも日本からの移住先として人気ですが、せっかく現地の企業に就職が決まったにもかかわらずビザが発給されず、どうしてなのか困惑していたところ、実は学歴要件で引っかかっていたというケースもあるそうです。ニュージーランドも各国の大学のレベルを独自に評価しており、残念ながらその人が卒業した大学は同国の基準には合致しなかったようです。

もっともニュージーランドのビザ取得はある種のポイント制となっており、様々な実績を積むことで点数が上がっていき、ビザの取得が容易になっていきます。このため本気でニュージーランドに移住したい人は、現地で学校に通って資格を取るなど、段階を踏んでビザの取得を狙うことが多いようです。

もちろん高卒の資格でもビザを取ることはできますが、職種が狭まったり、十分な賃金が得られないというケースがありますから、大卒と比較して難しいのは間違いありません。このあたりのハンディキャップについても、前向きに捉えて努力できるタイプの人でなければ、海外生活は難しいでしょう。

これまで説明してきたことからもお分かりいただけると思いますが、労働者として働くという形を選択すると、ビザの取得は結構難しい、という結論にならざるを得ません。とにかく何が何でも外国に住みたいというタイプの人は、職種や賃金を犠牲にしてでもビザ取得を最優先しますが、それでは日本経済という呪縛から離れて経済的な豊かさを手にするという本書のテーマからは少しかけ離れてしまいます。

一方、同じビジネス関係のビザでも、国によっては事業関係の種類であれば比較的容易に取得することができるケースもあります。

特にネット上でビジネスが完結している人の場合、住む場所に大きな制約はありません。ビザの制度さえ整っていれば、現地で起業という形で、自身のビザを申請するという道が見えてきます。学歴などで不利な立場にある人は、まず自身のビジネスでキャリアを構築し、それを土台にビザ取得の道を探るのがベストだと思います。このあたりについても、自身の仕事との兼ね合いで、試行錯誤を重ねながら、現実的な選択肢を見つけていくより他はありません。

リタイアメントビザ

就労についてはとにかく取得が難しいビザですが、移住する人が年金をもらえる年齢だったり、一定額以上の資産を持っている場合、選択肢は大きく広がります。それは、退職者向けのビザ（リタイアメントビザ）、あるいは投資家ビザというカテゴリーを使って在留許可を得るという方法が存在するからです。

リタイアメントビザによる移住で人気なのは、やはりフィリピンでしょう。フィリピンは製造業があまり活発ではないため、外貨の獲得を目的に積極的に移住者を受け入れているからです。

フィリピンのリタイアメントビザ（ＳＲＲＶと呼ばれる）には複数の種類がありますが、カテゴリーによって35歳以上から申請が可能なものもありました（現在は50歳以上となっており、年齢の引き下げについては未定）。また申請時に必要な預け入れ資金も、年金受給者の場合には1万ドルと破格の安さとなっています。また高いものでも5万ドルですから、まったく手が出ない範囲ではありません。

申請には2カ月程度の時間がかかり、その間はフィリピンに滞在する必要もありますから、いわゆる一般的なサラリーマンの場合には少しハードルが高いですが、退職している人や、仕事がある程度自由になる人であれば、取得が可能です。

フィリピンのリタイアメントビザは、IDカードの更新は必要ですが、基本的に期限がありませんから、フィリピン政府がこの制度を維持する限り、事実上、永住に近い立場を得ることができます。そしてこのビザの最大の特徴は、許可が必要ではあるものの、就労することも可能だという点です。そう考えるとフィリピンのリタイアメントビザは、事実上の永住権であり、157ページのカテゴリーでは⑤の永住権に入ると見なしてもよさそうです。

ちなみに、米国の永住権のことを通称グリーンカードと呼びますが、グリーンカードを取得するのは並大抵のことではありません。米国でしっかりとした仕事を見つけ、十分に米国社会に貢献できる人物であると評価されなければグリーンカードは発給されないからです。取得が極めて難しいグリーンカードと比較すると、フィリピンのリタイアメントビザは、破格の条件と言って良いでしょう。もっとも、フィリピンも他国と同様、コロナ禍の影響を受けており、一時はリタイアメントビザの発給を中断していました。ビザ発給の状況はコロコロと変わりますから、興味のある人は常に最新情報をアップデートしておく必要があります。

フィリピンと並んで、マレーシアのリタイアメントビザも日本人には人気です。マレーシアのリタイアメントビザは、ロングステイビザとも呼ばれており、ＭＭ２Ｈという名称です。

１５０万リンギット（４１２５万円）以上の財産証明と、月額４万リンギット以上の収入証明があればＭＭ２Ｈを取得できます。取得条件がかなり厳しいですから、ＭＭ２Ｈは一定以上のお金を持っている人が対象と考えてよいでしょう。

さらに言うと、ＭＭ２Ｈの有効期間は5年となっており、その後、移民局から認められた場合には更新が可能となります。しかしながら永住することは不可能であり、いつかは日本に戻らなければなりません。

条件も厳しく、永住も不可ですから、あまり人気がないように思えますが、ＭＭ２Ｈを取得する日本人はかなりの数にのぼります。以前は年収要件が緩かったことが最大の理由ですが、申請のしやすさも影響していると思われます。

ＭＭ２Ｈは、条件さえ整っていれば、容易にビザを取得できるといわれています。他の国は、書類上条件が整っていても却下されたり、逆に条件を満たしていなくても許可が降りたりといった具合に、良い意味でも悪い意味でも適当です。しかしＭＭ２Ｈの場合、書類さえ揃えばスムーズに取得できることが多いと言われています。几帳面な日本人にとっては有り難い制度といってよいでしょう。

タイにもリタイアメントビザの制度がありますが、滞在期間が1年と短いことから、長期滞在には向きません。一方でタイには、多少お金はかかりますが、リタイアメントビザとは別のカテゴリーで長期滞在が可能なビザがあり、これを利用する日本人もいます。

タイランドエリートと呼ばれるビザは、種類にもよりますが、最長20年の滞在が可能なビザです。しかもこのビザを持っている人は、入出国の際に空港でVIP待遇を受けることができます。具体的には、空港内を専用カートで移動でき、専用の入国審査ブースで待たずに入国できるほか、滞在先へのリムジン送迎もあります。

非常に好待遇なビザですが、ハードルとなるのは費用です。

20年滞在できるタイプのカテゴリーを取得するには、最低でも100万バーツの入会金が必要となります。1バーツは約3・5円なので、350万円のお金を出さなければ取得することができません（しかも支払ったお金は返ってきません）。

このビザはタイ政府が裕福な外国人の滞在を促すために作った制度ですから、乱暴に言ってしまえば、普通は手に入らない長期滞在の権利をお金で買う制度です。当初から経済的に余裕のある人が対象ですから、当然、タイ国内で就労することはできません。

普通の人には到底縁がないように思えるタイのエリートビザですが、最近、このビザの取得を希望する日本人が増えているそうです。その理由は仮想通貨（暗号資産）バブルです。

諸外国の多くは仮想通貨について、通常の株式投資と同じ税率を適用しています。しかし日本だけは例外で、仮想通貨を売却した場合には、最大55%という途方もない税金がかかってしまいます。2021年にはビットコインに代表される仮想通貨が再度、値上がりしましたから、仮想通貨長者が増加しました。一部の仮想通貨長者は、日本の税率が余りにも高いことから、タイなどの外国に移住し、そこでビットコインを売却しているのです。

通常の手続きでビザを申請すると手間と時間がかかりますが、エリートビザであれば、お金さえ払えば短時間で確実にビザを取得できます。日本の税制は国際的に見てかなり特殊ですので、節税目的での日本人の利用が急増しているという状況のようです。外国に移住して高い税金を逃れるという行為は違法ではありませんが、あまり推奨されるべきことではありません。しかしながら、それ以上に奇妙なのが、日本政府の税に対する考え方です。

仮想通貨の台頭は既存の金融機関にとって大きな脅威であり、もしかすると金融業界などからの強い要望もあるのかもしれませんが、日本政府は仮想通貨を目の敵にしているように見えます。

確かに仮想通貨バブルによって、一夜にして億万長者になったケースというのは、典型的なあぶく銭かもしれません。しかし日本だけが過剰に高い税金を課せば、経済合理性として他国に逃げてしまうのは当たり前のことです。あぶく銭とはいえ、せっかく日本で稼いでくれたお金を、わざわざ国外に流出させ、外国の財源になるようなことをなぜ政府が行ってしまうのか、筆者にはまったく理解ができません。

税金が安い国からすれば、日本はタダでお金を配ってくれる究極的なお人好しということになるでしょう。世界には、各国から批判されても、より安い税率を設定して、外国から富を呼び込もうとしている国がたくさんあります。日本の仮想通貨税制は、まったく国益になっていないと思います（というよりも、先ほどの国立大学の授業料の件もそうなのですが、日本政府には国益という概念がそもそもないのかもしれません）。

教育目的でシンガポールに移住

子どもがいる世帯に限られますが、子どもを外国で教育するために移住する人も増えています。日本人が子どもの教育目的で移住する先としてよく知られているのは、やはりシンガポールでしょう。

シンガポールは、アジア地域ではもっとも豊かな国のひとつであり、生活水準が極めて高いことで知られています。また中華系の国民が多いこともあり、国全体として教育に力を入れています。

日本ではかつて受験戦争が批判され、各教育課程で履修科目が減らされるなど、いわゆる「ゆとり教育」が実施されてきました。しかしながら、日本におけるゆとり教育というのは諸外国の流れとは少々異なるものです。

日本の人材選抜で問題視されてきたのは、画一的なペーパー試験に偏り過ぎていることであり、勉強をやり過ぎたことではありません。教育内容や評価の手法を多様化することと、教える内容を減らすことはまったくの別問題ですが、日本ではどういうわけかこれらが混同されており、結果的に教育の多様化は行われず、履修科目の削減だけが実施されるという奇妙な状況になってしまいました。

このため諸外国と比較した日本人の基礎学力は低下の一途をたどっており、これが日本の教育環境を疑問視する風潮につながっているように思えます。

実際、欧米を含む諸外国では、子どもにはかなりの勉強量を課しており、遊んでばかりいる大学生などあまり見かけません。

特にシンガポールは中華圏の文化ですから、子どもの頃からかなりの詰め込み教育が行われます。少なくとも基礎学力という点では、シンガポールで学んだ方が圧倒的に効果が大きいのではないでしょうか。

またシンガポールはIT活用も盛んな国ですから、学校の授業でもITツールが積極的に使われています。日本の義務教育課程は、世界でもっともIT活用が進んでいない部類に入りますから、ITスキルという点でもシンガポールで学んだ方が有利です。

同国の公用語が英語であるという点も魅力といってよいでしょう。

シンガポールの英語は、「OK」の後に「ラー」を付けるなど、独特の方言がありますが、同国で教育を受ければ確実に英語をマスターできます。同国には華人が多いですから、中国語もごく普通に飛び交っており、同時に中国語も話せるようになるでしょう。このあたりの事情は、PART3で解説した台湾とよく似ているかもしれません。

小学生など、子どものうちから母親と一緒に移住するケースも多いようですが、シンガポール社会が子どもに対して寛容であることも大きいようです。

同国は、子育て支援が徹底していることもあり、子ども連れに対しては周囲が協力的に接してくれます。日本はベビーカーに罵声を浴びせる人がたくさんいるなど、子ども連れには異常に厳しい社会ですから、その違いは雲泥の差とも言われます。

よく知られているようにシンガポールは治安が極めて良く、中心部ではゴミひとつ落ちていないような国ですから、環境の良さも移住の決め手になっていることでしょう。

もっとも、これだけの良好な環境が維持出来ているのは、シンガポールがある種の独裁国家であることと密接に関係しています。

シンガポールは１９６５年にマレーシアからの独立を果たしましたが、自治州だった時代から長く首相を務めてきたのが、建国の父と呼ばれるリー・クアンユー氏です。リー氏は強力な指導力で、シンガポールをアジア有数の富裕国に成長させましたが、その手法は開発独裁と呼ばれています。

シンガポールは、表面的には選挙で代表が選ばれる民主国家ですが、現実にはリー氏を中心とした与党の一党独裁であり、言論の自由も制限されるなど、非民主的な側面があることは否定できません。現在の首相はリー・クアンユー氏の息子であるリー・シェンロン氏ですから、やはり同族支配が続いているとみてよいでしょう。

手厚い教育制度や、充実した子育て支援策、外国から優秀な人材を積極的に受け入れる人材戦略など、画期的な施策が数多く実施される一方、単純労働者の移民に対しては過酷な条件を課すなど、独裁政権ならではの、という側面もあります。

国民に対する監視も厳しく、政府の方針に従わない人は、半ば暴力的な手段で排除されるリスクがあり、同国の政治手法については、先進国を中心に批判の声が多いのも事実です。

ただ、現実問題として子どもによい教育を施したいと考えるビジネスパーソンからすると、日本とシンガポールとでは社会環境に差があり過ぎます。多くの一般人は政治に対する関心がそれほど高くありませんから、同国政府の受け入れ方針が変わらない限り、日本から教育目的で移住する人はさらに増えていくことでしょう。

先ほど留学の話題で取り上げた台湾も、今でこそ民主化を達成しましたが、以前は国民党による独裁政権が続き、反体制派の弾圧が行われていました。

民主国家である日本において、ベビーカーに暴言を吐く人や、公の場で女性を蔑視する発言を行う人が後を絶たない一方で、非民主的あるいは民主化を達成して間もない国において多様性が認められ、社会が寛容であるというのは、本当に恥ずかしいことだと思います。

就学だけでビザを取得できるか

話を戻します。シンガポールも他国と同様、外国人に対して簡単にビザは発給しませんから、教育環境が良いからといって、誰でも移住できるわけではありません。

教育目的の場合であっても、現地で仕事を見つけることが、やはり移住の最短距離です。夫婦のどちらかが海外で就職できるキャリアを持っており、シンガポールで仕事を見つけることができれば、本人には就労ビザ（前述のようにシンガポールの就労ビザには職種などに応じて複数の種類があります）が発給されます。ビザの種類にもよりますが、家族にもビザが発給されますから、子どもはシンガポールの学校に通うことができるでしょう。

実際、筆者の知人は子どもに良い教育を受けさせる目的でシンガポールに移住しましたが、彼が最初に行ったのはシンガポールでの職探しでした。無事に希望のポストがシンガポールにあったことから転職を決め、家族と一緒に移住しました。ビザについての詳細は聞いていないので、はっきりしたことは言えませんが、本人は就労ビザで、帯同する家族は家族向けのビザを取得していると思われます。

シンガポール移住については、日本の著名芸能人が移住したことでも話題となっています。オリエンタルラジオの中田敦彦さんは、2021年3月に家族と一緒にシンガポールに移住しました。移住した理由のひとつはやはり子どもの教育環境で、英語に加えて学校で中国語の授業があることや、同国には多くの人種が住んでいることなどを考慮したそうです。

もっとも中田さんは芸能人で、最近はユーチューブを使って自ら芸能活動を行っていますから、サラリーマンではなく実業家というカテゴリーに入ると思います。実業家の場合、自身で会社をシンガポールに設立し、その会社から自らの就労ビザの申請を行うというやり方もあります。中田さん自身はビザについてほとんど言及していませんが、やはり何らかの形で就労ビザを取得していると考えてよいでしょう。

シンガポールで仕事を見つけられないという場合には、学校に通う子どもの親に発給されるビザを使うという方法もあります。

シンガポールの学校への入学が許可されると、子どもには留学ビザが発給されます。一方、シンガポールには、学校に通う子どもの面倒を見る母親に対してビザが発給されることがあります。しかし、このビザを発給してもらうためにはシンガポール人の後見人が必要であり、かなりハードルが高いのも事実です。

結局のところ、移住と仕事、そしてビザは切っても切れない関係にあり、単身で留学するといったケースを除くと、簡単にはビザは発給してもらえないという現実がお分かりいただけたと思います。

これまで説明してきたように、ビザの問題というのは非常に厄介であり、海外移住に単純な夢を抱いている人にとっては少しショッキングな内容かもしれません。

しかしながら、今の社会が近代国家の枠組みで成立している以上、各国政府は無秩序な入国によって自国民の雇用が奪われることを防ごうとしますから、どうしても外国人居住者には厳しくなります。

逆に考えれば、こうしたハードルを乗り越えるちょっとした力さえあれば、チャンスが大きく広がることは間違いありません。

最終章

ＰＡＲＴ１からＰＡＲＴ４にわたって、脱日本のあり方について模索してきましたが、私たちはこれからどのようなスタンスで人生を切り拓いていけばよいのでしょうか。

脱日本というと、海外に移住するという話が頭に浮かぶと思います。本書を読まれた皆さんはすでに理解していると思いますが、物理的に海外に移住するというのは、脱日本を実現する手段のひとつに過ぎません。逆に言えば、日本に住みながら脱日本を実現する方法はいくらでもあるわけです。

むしろ重要なのは、どこに住むのかではなく、日本という殻に閉じこもることなく、世界に目を向ける姿勢だと思います。

近年、日本は保守化が進んでいると言われ、問答無用で日本を賛美し、外国を見下げることが愛国的であるという異様な風潮が蔓延しています。しかし、こうした態度というのは到底、愛国的とは言えません。

日本という国が、世界の中でどのような位置付けにあるかを冷静に見極め、その中で私たちはどうすれば豊かな生活を送れるのか真剣に考えることこそが重要であり、ひとりでも多くの国民がそれを実践することによって、結果的に国全体も豊かになっていきます。こうした行動を取れる人こそが本当の愛国者といってよいでしょう。

序章で詳しく解説したように、日本は企業の競争力が低下し、人口も減少傾向が顕著となっていることから、先進国としてはすでに賃金が安い国になっています。この現実は望ましいことではありませんが、今の時点で過去の経緯について議論しても、問題が解決するわけではありません。現状を基準にするのなら、成長が著しい諸外国の富をうまく引き寄せることこそが、自分自身だけでなく日本という国を豊かにする手段だと考えます。

外国の富をうまく自身に取り込むにあたって重要なのは語学ではありません。

PART2では海外ネット通販の活用について解説しましたし、PART4では移住の方法について解説しました。現実に海外とやり取りすることになれば、最低限の英語はマスターする必要がありますが、もっとも重要なのは語学力ではないことはすでにお分かりいただけたと思います。海外とのやり取りを成功させるためには、見ず知らずの相手とどうコミュニケーションを取るのかという「マインド」の問題が極めて重要なのです。

そして、知らない相手とコミュニケーションするスキル、あるいはそうしたマインドというのは実は外国人に限った話ではなく、性別や年齢など、異なる環境に属する人とのコミュニケーション能力とまったく同一です。

逆に言えば、立場が違う人とうまくコミュニケーションできない人は、どれだけ英語が達者でも外国人とうまくやり取りすることはできませんし、ライフプランにおいて脱日本を実現することも不可能です。

人材大手パーソルグループのパーソル総合研究所が外国人とのコミュニケーションについて興味深い調査を行っています。

同研究所が外国人部下を持つ日本人上司に対して2019年に行った調査によると、「外国人材をうまくマネジメントできていない」と回答した人は、19・8%しかいませんでした。また、外国人部下のマネジメントは自分にとって「荷が重い」との回答も17%にとどまっています（部下が正社員の場合）。

一連の結果を大まかに整理すると、8割の人は外国人とうまく仕事ができており、2割の人はうまくいっていないということになります。では、外国人部下とうまくやり取りできない上司は、具体的にどのようなトラブルに遭遇しているのでしょうか。

もっとも多かったのは「細かいニュアンスが伝わらない」で48・3%、続いて「日本の常識を知らないことが多く、そこから教えなければならない」（38・1%）、「意図が伝わりにくい」（36・6%）、「文字でのコミュニケーションがしにくい」（32・1%）、「単語などが伝わらない」（31・3％）、「相手の考えや気持ちを理解しにくい」（28・7％）といった結果になっています。

しかしながら、ここに並んでいる項目の多くは、相手が日本人でも発生する可能性が高いものであることが分かります。

例えば2番目の「日本の常識」の部分について「会社の常識」と置き換えれば、そのまま中高年の上司と新入社員の関係という図式が成立します。また「相手の考えや気持ちを理解しにくい」というのは、ほぼ毎年のように新入社員と上司との間で発生するコミュニケーション・ギャップの代表例でもあります。

外国人材を受け入れた際に経験した想定外のネガティブな事態についても、似たような結果が得られています。

もっとも多かったのは「自己主張が強かった」というもので（46・1％）、次いで「（日本の）常識が通じなかった」（41・6％）、「昇給の要求が強かった」（40・7％）、「組織へのロイヤリティが低かった」（40・1％）、「仕事を教えるのに時間がかかった」（40・0％）、「指示したことをやらないことがある」（38・4％）、「評価に対する不満が強かった」（37・3％）となっています。

この想定外のショックを、上司あるいは会社からの従業員に対する要望と言い換えてみると、「自己主張をせず、会社の常識をわきまえ、給料に不満を言わず、組織に忠実な人が欲しい」という話にならないでしょうか。

人材会社のエン・ジャパンが自社サイト利用者に対して実施したアンケート調査の結果を見ると、部下（日本人）に対して困った点の上位には「基本的なルールを守らない」「協調性がない」「他人の意見を聞かない」「報告・連絡などを怠る」といった項目が並んでいます。

両社のアンケート調査はまったく異なるものであり、同一比較はできませんが、相手が外国人であれ日本人であれ、うまくマネジメントできていない上司が持つ不満というものに大きな違いは生じていません。

この結果から分かることは、日本人の部下とうまくコミュニケーションできない上司は、部下が外国人でもうまくコミュニケーションができず、男性の場合には女性とうまくコミュニケーションできていない可能性が高いと思われます。逆に言えば、日本人同士でうまく意思疎通ができる人は、相手が外国人になっても大きな問題は発生しないということです。

外国人を部下に持つ上司の8割が何とかうまく仕事をこなしているわけですから、大方の人はその気になればグローバルなコミュニケーションが可能という推論が得られます。

では、相手が日本人であってても外国人であってもうまくコミュニケーションできない人は何が問題なのでしょうか。それは先ほどから説明しているように、立場が異なる人と接することができないという点に集約されます。

日本はいまだに前近代的なムラ社会であると指摘されることもしばしばですが、ムラ社会というのは、その構成員がお互いのことをあらかじめ良く知っています。基本的にムラ社会は排他的ですから、見ず知らずの他人は入ってきません。そうなると、お互いが知っている人同士であることが大前提であり、こうした集団では、いわゆる「あうん」の呼吸が重要な意味を持ってきます。

しかし、こうしたムラ社会において、外部から他人が入ってきたり、高い立場にいない人が積極的に意見を言ったり、あるいは若い人が責任ある仕事についたりといった想定外の変化が生じると、一部の人はパニックを起こしてどう振る舞ったら良いか分からなくなってしまいます。

東京五輪・パラリンピック大会組織委員会の森喜朗前会長による女性蔑視発言はその典型といってよいでしょう。

森氏は2021年2月に開催された日本オリンピック委員会（JOC）の臨時評議員会で「女性がたくさん入っている理事会の会議は時間がかかる」などと発言したことで批

判を浴びました。その後、森氏は記者会見を行い、発言を撤回しましたが、会見中の発言や態度などに再び批判が殺到し、結局は辞任に追い込まれました。

問題を沈静化するために記者会見に臨んでいるにもかかわらず、そこでの発言がさらに批判されて辞任に追い込まれたわけですから、これでは何のために会見を開いたのか分かりません。

森氏は謝罪会見であるにもかかわらず、質問に対して「じゃあ、そういうふうに承っておきます」と発言し、あげくの果てには「おもしろおかしくしたいから聞いているんだろ」などと半ば逆ギレする状況でした。

こうした言動になってしまうのは、自身が今まで経験してきたパラダイムとはまったく異なる状況に遭遇し、どう振る舞ったら良いか分からなくなっているからです。

森氏は古い時代の人ですから、女性や若年者などが、自分に対して自己主張してくるなどという事態を想定することができなかったものと思われます。そして、想定外の行動を取ってきた他人に対してどう接すればよいのかというノウハウも持ち合わせていなかったことでしょう。このため、「納得できない」という感情が先に立ち、冷静な判断ができなくなっていたのです。

世の中には自身とは立場も考え方も異なる人がたくさん存在しています。そのような相手と何らかの形で交渉し、成果を上げなければならないと考える人は、最初はどう振る舞ったら良いか分からなくても、試行錯誤を繰り返し、うまいやり方を見つけ出していきます。これは相手が外国人であってもまったく同じことであり、外国人の部下をうまくマネジメントできる上司は、おそらくですが、若年層や異性ともうまくやり取りできていることでしょう。

自分とは立場や考えが異なる人が存在することを理解し、完全に同意や共感ができなくても合意点を見いだし、仕事を進める努力をする力こそが本当の意味でのグローバルな対応力といってよいものです。この能力さえあれば、多少語学力が不十分でも、大きな問題は発生しません。

外国にモノを販売したり、外国で不動産などを購入したりすると、日本ではあり得なかったトラブルに遭遇することもあります。ここでムラ社会にどっぷりと浸かってしまった人は、「だから外国人はダメなんだ」と考えてしまい、最初から全否定してしまいます。

一方で、相手と自分は違うのだと最初から考えている人は、相手は何に怒っているのか、相手は何を欲しているのかを探り、お互いの妥協点を見つけ出そうとします。

政治や宗教が絡むとやっかいですが、外国人とのやり取りがビジネスに限定されているのであれば、どの国であっても目指すところは同じであり、基本的な価値観に大きな違いは生じません。お互いの利益が最大になるポイントを探ることができれば、必ず解決策を見つけ出すことができます。この取り組みができる人こそが、グローバルな感覚を持った人であり、脱日本を実現できる人です。

グローバルな感覚を身につけるために書物をあれこれ読んでも、あまり意味はありません。もっとも手っ取り早くマインドを身につけるためには「まずはやってみる」のが一番です。

物事を実践するにあたっては、ハードルが低いものから取り組むのがもっとも合理的ですから、本書でいえばPART1の海外投資、あるいはPART2の海外ネット通販あたりから始めるのがよいでしょう。

これはすべてに当てはまることですが、1円でも損をしたくないといった頑《かたく》なな気持ちは持たないようにすることが大事です。お金に固執する感覚を持ってしまうと、すべてについて疑わしく感じてしまい、せっかくの機会を逃してしまいます。一定範囲の金額までは勉強代だと思って、最悪の場合には失ってもよいと考えれば、気持ちがラクになり、うまく行くことが多くなります。

実際に海外とビジネスをしてみると分かると思いますが、商品のクレームに対する反応も様々です。クレームを送ってもなしのつぶてという事業者もいますし、一方ですぐに交換に応じるところもあります。また返品には応じないものの、納得できないというメールを繰り返し送ったところ50％は返金すると連絡してきた事業者もいました。

ある事業者に商品を注文したところ、在庫がないという返事をもらうと同時に、ひとつ上のランクの商品で、機能を制限して納品する形でどうだろうか、という提案を受けたこともあります。

やり方は様々で、中には日本の商習慣には存在しないものもありますが、何らかの形で双方の妥協点を見つけ出そうという点では、お互い何も違うところはありません。こうした共通点を積極的に見つけ出そうとする努力ができる人であれば、どのような環境であっても仕事を進めることができるのではないでしょうか。

とりあえず「やってみる」ことに加えてもうひとつ大事なのは、「変化を恐れない」ことです。自分と異なる属性の人たちとうまくコミュニケーションできない人は、たいていの場合、変化にも弱いという特徴があります。

変化に強い人と聞くと、どのような過酷な環境にも適応できるタフな人材を想像してしまい、「自分にはとても無理」と思ってしまうかもしれません。しかし、ここで言うところの変化に強い人というのは、そういうことではありません。本当の意味で変化に強い人というのは、世の中というのは実はあまり変化していない、という感覚を持ち続けられる人のことを指します。

少し逆説的な言い方になりますが、社会というのは実は多くの人が感じているほど変化しているわけではありません。時代がシフトすることで、世の中の見え方はめまぐるしく変わっていきますが、問題の本質は時代や地域によってそれほど違ってはいないのです。

毎年春になると、必ず聞こえてくるのが「最近の新入社員は忍耐力がなく、すぐに辞めてしまう」という話です。しかし、この話は事実ではありません。近年、新入社員の定着率が低下しているといのは真っ赤なウソで、会社を辞める割合は30年以上にわたってほとんど変化していないというのが現実です。

厚生労働省の調査によると大学卒の新入社員が3年以内に会社を辞める割合は32・8％（２０２０年）ですが、１９８０年代からほとんど同じ数字です。今も昔も3年以内に3割の人が辞めているのだとすると、今、中高年になっている人の同期のうち3割以上が3年以内に会社を去っているはずであり、その事実について知らないはずがありません。それにもかかわらず、多くの人は、最近の新人はすぐに会社を辞めると思い込んでいます。

この話は、多くの人が考えているほど、世の中は変化していないということを如実に示しています。時代によって服装や言葉遣いなどは変わりますから、大きな変化が起こっているように見えますが、事の本質はそれほど変化していないのです。

根っこの部分ではあまり変わっていない、あるいは、国や文化が違っても、人の本質的な部分に大きな違いはないと考えられる人は、時代の変化や環境の変化に恐怖感を抱きません。なぜなら、心の底では、大きな変化は発生しないと思っているからです。

一方、表面的な変化にとらわれてしまう人は、変化を恐れる傾向が顕著です。「最近は○×」「○×人は○×だ」という形で不満を口にすることが多くなり、年々、新しいことを拒絶する傾向が強くなっていきます。

つまり変化に強い人材というのは、強靭な肉体や精神を持っていることが要件ではなく、物事を柔軟に考えられるかどうかにかかっているのです。

仕事や投資というのは、古今東西を問わず存在しているものですから、その基本的な作法は外国に行こうがＩＴが普及しようが、大きくは変わりません。この事実に気付くことが出来た人は、変化にもスムーズに対応できるでしょう。

「まずはやってみる」「人のやることに大きな違いはない」というこの2つの法則をしっかり受け止めれば、脱日本の半分は成功したのも同然です。長々と様々な解説をしてきましたが、筆者が本当に伝えたいことは、実は、この2つだけだと言っても過言ではありません。

おわりに

この原稿を書いている2021年8月時点では、まったく兆しは見えませんが、猛威を振るっているコロナ禍もいつかは終息します。そしてアフターコロナの社会では、働き方や旅行のあり方など多くの常識が変化する可能性が高まっています。

民泊サイトAirbnb最高経営責任者（CEO）のブライアン・チェスキー氏は、コロナ後の旅行に関して興味深い発言を行っています。

同社が行った調査によると、「旅行」はコロナ後にもっとも再開したいことのひとつでしたが、同じ旅行でも出張は「もっとも再開したくないこと」だったそうです。

チェスキー氏は出張は消滅しないものの、以前とは形を変えると予想しています。

コロナ以降、都市部に長期滞在する人が増えていますが、多くが仕事目的であると同社では分析しています。基本的に遠隔で働き、どうしても顔を合わせる必要がある場合には集中して本社のある都市部に滞在するという、新しい仕事のスタイルが定着している可能性が示唆されます。

たいていの打ち合わせはＺｏｏｍなどで済んでしまいますが、時には顔を合わせることも重要です。普段はリモートで業務を行い、3カ月間はリゾート地にあるオフィスで顔を合わせて仕事をするといった、柔軟な働き方を提示できる企業には、多くのビジネスパーソンが就職を希望するでしょう。こうした企業で働くのであれば、会社がどこにあるのかはまったく関係ありません。一連の変化は脱日本を志すビジネスパーソンにとって、確実に追い風となるはずです。

かつてユダヤ人は約束の地であるカナンを目指してエジプトを脱出しました。しかし、今の時代はネットというテクノロジーがあり、地理的な制約の多くが消滅しています。日本は今後、さらに厳しい状況となる可能性が高いですが、個人がしっかりとした意思とスキルを持っていれば、チャンスはどこにでも存在します。本書がその良き羅針盤になることを願っています。

本書は文藝春秋の吉地真ノンフィクション出版部長と、山下覚さんの尽力で完成しました。この場を借りてお二人に感謝の意を表したいと思います。

加谷珪一

デザイン＝中川真吾

加谷珪一 Keiichi Kaya

経済評論家。仙台市生まれ。1993年東北大学工学部原子核工学科卒業後、日経ＢＰ社に記者として入社。野村證券グループの投資ファンド運用会社に転じ、企業評価や投資業務を担当。独立後は、中央省庁や政府系金融機関などに対するコンサルティング業務に従事。現在は、ニューズウィークや現代ビジネスなど多くの媒体で連載を持つほか、テレビやラジオなどで解説者やコメンテーターなどを務める。主な著書に「貧乏国ニッポン」（幻冬舎新書）、「日本は小国になるが、それは絶望ではない」（KADOKAWA）、「億万長者への道は経済学に書いてある」（クロスメディア・パブリッシング）、「日本はもはや『後進国』」（秀和システム）、「ポスト新産業革命」（CCCメディアハウス）、「戦争と経済の本質」（総合法令出版）などがある。加谷珪一オフィシャルサイト　http://k-kaya.com

脱日本入門《だつにほんにゅうもん》

2021年12月10日　第1刷発行

著　者　加谷珪一《かやけいいち》

発行者　大松芳男

発行所　株式会社 文藝春秋
〒102-8008
東京都千代田区紀尾井町3-23
電話　03-3265-1211㈹

印刷所　精興社

製本所　大口製本

ISBN978-4-16-391481-7　Printed in Japan